Georg Kraus/Christel Becker-Kolle

Führen in Krisenzeiten

Georg Kraus / Christel Becker-Kolle

Führen in Krisenzeiten

Managementfehler vermeiden,
schnell und entschieden handeln

Bibliografische Information Der Deutschen Bibliothek
Die Deutsche Bibliothek verzeichnet diese Publikation in der Deutschen Nationalbibliografie;
detaillierte bibliografische Daten sind im Internet über <http://dnb.ddb.de> abrufbar.

1. Auflage 2004

Alle Rechte vorbehalten
© Betriebswirtschaftlicher Verlag Dr. Th. Gabler/GWV Fachverlage GmbH, Wiesbaden 2004

Lektorat: Ulrike M. Vetter

Der Gabler Verlag ist ein Unternehmen von Springer Science+Business Media.
www.gabler.de

Das Werk einschließlich aller seiner Teile ist urheberrechtlich geschützt. Jede Verwertung außerhalb der engen Grenzen des Urheberrechtsgesetzes ist ohne Zustimmung des Verlags unzulässig und strafbar. Das gilt insbesondere für Vervielfältigungen, Übersetzungen, Mikroverfilmungen und die Einspeicherung und Verarbeitung in elektronischen Systemen.

Die Wiedergabe von Gebrauchsnamen, Handelsnamen, Warenbezeichnungen usw. in diesem Werk berechtigt auch ohne besondere Kennzeichnung nicht zu der Annahme, dass solche Namen im Sinne der Warenzeichen- und Markenschutz-Gesetzgebung als frei zu betrachten wären und daher von jedermann benutzt werden dürften.

Umschlaggestaltung: Nina Faber de.sign, Wiesbaden
Druck und buchbinderische Verarbeitung: Wilhelm & Adam, Heusenstamm
Gedruckt auf säurefreiem und chlorfrei gebleichtem Papier
Printed in Germany

ISBN 3-409-12448-9

Inhaltsverzeichnis

1. **Vorwort** 7
2. **Einleitung** 9
3. **Krise und Gesellschaft** 11
4. **Was führt zu Krisen in Unternehmen?** 15
   - 4.1 Unternehmenskultur als Krisenfaktor 17
   - 4.2 Strukturen und Prozesse als Krisenfaktor 25
   - 4.3 Strategie als Krisenfaktor 29
5. **Krisenbewältigungspotenziale in Unternehmen** 39
6. **Beitrag der Führungskraft zur Krise bzw. Krisenbewältigung** . . 41
7. **Gefährliche Verhaltensmuster in Krisensituationen** 49
   - 7.1 Passivität und Aussitzen 50
   - 7.2 Ducken 52
   - 7.3 Einseitig denken 54
   - 7.4 Grenzenlosigkeit 56
   - 7.5 Wilder Aktionismus 57
   - 7.6 Schönreden 61
   - 7.7 Manipulieren 63
   - 7.8 Falsche Rücksichtnahme 64
   - 7.9 Mangelnde Konsequenz 66
   - 7.10 Abheben 66
   - 7.11 Verdrängen/Fluchtverhalten 68
   - 7.12 Reparaturdenken 70
8. **Lebensskript und Krise** 73
   - 8.1 Die Antreiber in unserem Kopf 74
   - 8.2 Der Antreibertest
     oder: Worauf Sie als Führungskraft bei sich selbst achten sollten 79
   - 8.3 Abwertungen/Discounts 86
   - 8.4 Reflexion des eigenen Anteils am Krisengeschehen 90

9. Dynamik von Krisen 93
    9.1 Tipps zum Führen im Turnaround 97
    9.2 Mikropolitik 102

10. Sinnvolle Handlungsalternativen 111
    10.1 Frühwarnsystem 113
    10.2 Schnelles Handeln ist entscheidend 116
    10.3 Kommunikation in Krisenzeiten 118
    10.4 Vertrauen in den Turnaround 125
    10.5 Prozesssteuerung 128
    10.6 Einschätzung der Geschäftsentwicklung 131
    10.7 Margenerosion 133
    10.8 Liquiditätsmanagement/Finanzierung 136
    10.9 Unterschlagung/Betrug 139
    10.10 Komplexität reduzieren 140
    10.11 Produktivität als wichtiger Stellhebel 141

11. Geschichten 143
    11.1 Hoch- und Tiefbau Wagner 143
    11.2 Die Ideenlos GmbH 146
    11.3 Sei stark! 149
    11.4 Die Start-up GmbH 152
    11.5 Die Geschwindigkeits GmbH 155

12. Fazit 159

13. Glossar 161

14. Abbildungen 167

15. Weiterführende Literatur 169

16. Die Autoren 171

1. Vorwort

Wir sitzen in der Kantine eines ehemaligen „Start-up-Unternehmens". Unser Gesprächspartner, eine Führungskraft der mittleren Ebene, klagt uns sein Leid. „Mein Vorstand ist der aktuellen Situation nicht mehr gewachsen", sagt er uns unter vorgehaltener Hand. „Damals, als alles aufwärts ging, bin ich wegen ihm in dieses Unternehmen gewechselt. Er ist wirklich ein Visionär und konnte Leute in seinen Bann ziehen! Nun aber, da es unserem Unternehmen nicht so gut geht und wir noch harte Zeiten vor uns haben, scheint er nicht mehr der Richtige zu sein! Er ist wohl doch eher so etwas wie ein Schönwetterkapitän gewesen!"

Gespräche wie diese haben sich in letzter Zeit gehäuft. Die Zeiten sind härter geworden. Das Geld liegt nicht mehr auf der Straße, viele Unternehmen haben einen straffen Sanierungsprozess vor sich oder stecken mitten drin. In vielen Fällen ist – manchmal offensichtlich, manchmal subtil – zu erkennen, dass die Unternehmen gravierende Fehler begehen und offensichtlich mit der Rolle des „Kapitäns im Sturm" überfordert sind.

Woran liegt das? Haben die so genannten „Schönwetterkapitäne" – wenn wir bei dieser Analogie bleiben – es verlernt, das Schiff trotz Klippen bei Sturm zu steuern? Haben Sie es niemals gelernt? Oder erfordert dies vielleicht sogar einen bestimmten Charaktertyp? Sind bestimmte Persönlichkeitsmerkmale und/oder besondere Fähigkeiten notwendig, um ein guter Krisenmanager zu sein? Diese Fragen interessieren uns und sind Anlass, uns näher mit diesem Phänomen zu beschäftigen. In diesem Buch berichten wir über unsere Beobachtungen von typischen – oft fatalen – Verhaltensmustern in Krisensituationen. Wir zeigen Erklärungsmodelle auf, die helfen zu verstehen, weshalb bestimmte Menschen in Krisensituationen so und nicht anders reagieren.

2. Einleitung

„Leider hat die schwierige Marktsituation dazu geführt, dass wir dieses Jahr einen operativen Verlust von X Millionen Euro erwirtschaftet haben", verkündet der Vorstandsvorsitzende in der Bilanzpressekonferenz. Es wird beteuert, dass die aktuelle Situation auf die zurückhaltende Investitionsbereitschaft der Kunden und auf den höheren Preisdruck durch die Fernostimporte zurückzuführen sei. Ein gefundenes Fressen für die Medien! Schlagzeilen wie: „Dr. Grün, Vorstandsvorsitzender der X AG, steht unter Druck. Wird er in der Lage sein, das Ruder nochmals rumzureißen?" oder „Dr. Müller fährt die Y AG tief in die roten Zahlen!"

Krise und Versagen sind zwei Begriffe, die in unserer Gesellschaft eng beieinander liegen. Auch wenn Firmenchefs immer wieder betonen, dass die krisenhafte Situation im Unternehmen nichts mit ihnen als Person und ihren Führungsfähigkeiten zu tun hat, so wird diese dennoch häufig als Symbol des persönlichen Versagens definiert. Und da die wenigsten Menschen sich selber gerne als „Versager" sehen, sind Krisen seit jeher verbunden mit Verhalten wie Vertuschen, Verschleiern, Verdrängen und ähnlichen Phänomenen.

Durch diese Personalisierung und die persönliche Abwertung der Führungskraft entsteht ein Phänomen, das eine Krise so komplex macht. Krisenbewältigung hat somit aus unserer Sicht, neben handwerklichen Fähigkeiten, sehr viel mit inneren Einstellungen und Werten, vor allem gegenüber unangenehmen Situationen, zu tun.

An dieser Stelle ist es uns wichtig, einige Begriffe zu erläutern, die uns durch dieses Buch begleiten und die in der Praxis oft nicht voneinander getrennt definiert werden:

Krise

Das Wort Krise wird angewandt, wenn es sich um eine komplexe Entwicklung von mehreren Problemen handelt. Wir werden ebenfalls diesen Terminus verwenden, wenn es darum geht, Entwicklungen zu beschreiben, die sich negativ abzeichnen.

Problem

Ein Problem hat immer einen Ist-Zustand, der als unangenehm oder unbefriedigend empfunden wird sowie einen Soll-Zustand, von dem man sich eine befriedigende Verbesserung verspricht. Ferner kennt man Lösungsansätze, mit denen man glaubt, vom

Ist zum Soll kommen zu können. Ein typischer Managementsatz zu diesem Thema ist häufig in Unternehmen zu hören: „Ich will keine Probleme hören, sondern Lösungen vorgetragen bekommen!"

Unangenehme Situation

Auch hierbei gibt es einen Ausgangspunkt, also einen Ist-Zustand, der als unangenehm oder unbefriedigend empfunden wird, es fehlen jedoch Lösungsstrategien. So gesehen, erfüllt diese Situation nicht die Bedingung, um Problem genannt zu werden.

Viele Führungskräfte bringen diese beiden Begriffe durcheinander. Eine der wichtigsten Aufgaben ist es, für sich klar zu definieren, was an der Krise ein „Problem" ist, das heißt was beeinflusst werden kann. Wie und wo können schnell Lösungsstrategien entwickelt werden, und welche Bestandteile sind eher „eine unangenehme Situation", die notgedrungen ertragen werden muss, da sie nicht oder kaum beeinflussbar ist.

So kann als Problem definiert werden, dass es regnet – aber wer kann schon den Regen abstellen! Anders sieht es aus, wenn man erkennt, dass der Regen ein unangenehmer Zustand ist, der besser auch so definiert wird, zum Beispiel es ist ein Problem, nass zu werden. Um dies zu vermeiden, gibt es dann wiederum viele Lösungsstrategien.

Der englische Humanist Thomas Morus hat dies treffend formuliert: „Herr, lass mich meine Kräfte klug einsetzen, wo gute Veränderung möglich ist, und lass mich nicht meine Kräfte vergeuden, wo zur Zeit nichts in guter Weise verändert werden kann. Und dann stärke meine Fähigkeit, zwischen beidem zu unterscheiden."

Konflikt

Häufig werden auch Problem und Konflikt miteinander verwechselt. Ein Konflikt beinhaltet immer, dass mindestens zwei widerstreitende Regungen in einem Menschen vorliegen oder mindestens zwei Menschen widerstreitenden Meinungen haben. Entscheidend für die Lösung ist es, den Verlauf eines Konfliktes zu steuern. Er kann verdrängt, ignoriert oder konstruktiv bewältigt werden.

3. Krise und Gesellschaft

Krisen scheinen die Welt in unserer Zeit zu bestimmen. Politische Krisen dominieren die Nachrichtensendungen, ökologische Krisen und Klimakrisen erschüttern von Zeit zu Zeit das Bewusstsein und wirtschaftliche Krisen gehören zum Berufsalltag vieler Branchen.

Jedoch – Krisen hat es zu allen Zeiten gegeben. Es waren Naturkatastrophen, die zu Missernten führten; Kriege, die das Land verwüsteten; Krankheitsepidemien, die die Produktion lahmlegten oder gar Tausende von Toten hinterließen. Die Bedeutung dieser Krisen wurde je nach Gesellschaftsform und -schicht unterschiedlich interpretiert und häufig als unabwendbar angesehen. Im Rahmen religiöser Orientierung galten Krisen und Katastrophen als Zeichen Gottes oder der Götter, die zur Buße und zur Umkehr mahnten.

Krisen wurden in kleineren Sozialsystemen wie einzelnen Dörfern, Stämmen und Familien ähnlich bewertet. Erkranktes Vieh, geringe Ernteerträge oder Krankheiten und Tod von Mensch und Tier galten als Schicksalsschläge. Je mehr Erkenntnisse über die naturwissenschaftlichen Zusammenhänge von Klimaveränderungen, Krankheitserregern, Bodenbeschaffenheit gefunden und erkannt wurden, desto mehr Hilfestellungen wurden erarbeitet, um mit Krisen fertig zu werden.

Beachtenswert ist: Krisen werden immer als Besonderheit, als Anderssein gegenüber dem eigentlich Richtigen angesehen. Dennoch gehören sie zum Leben. In einer Zeit, in der alles ständig im Fluss und in Veränderung begriffen ist, ist Krise ein notwendiger Aspekt der Weiterentwicklung. Eine Krise weist auf Handlungsbedarf hin. Lösungen sollen gesucht und Aktionsprogramme oder Gesetze müssen geschaffen und umgesetzt werden.

Allen Krisenerscheinungen ist auch gemeinsam, dass es kaum eine bewusste Auseinandersetzung über das Entstehen von Krisen gibt. Eine Warnung auf bevorstehendes Unheil oder Unglück wird nicht in allen Krisenentwicklungen ausgesprochen. Einzig in den Religionen lassen sich Elemente dazu finden. Zum Beispiel waren die Mahnungen des memento mori (bedenke, dass du stirbst) in früheren Jahrhunderten ein Sich-des-eigenen-Todes-bewusst-Sein. Der Zeitgeist bestimmt, wie stark die ersten Signale von bevorstehenden Krisen ernst genommen und zur Vorsorge genutzt werden.

Historische Entwicklung des Bewusstseins von Krisen in der Wirtschaft

Seit Beginn des 20. Jahrhunderts wurden erste Fragestellungen zu Wirtschaftskrisen in die Volkswirtschaftslehre integriert. Die Weltwirtschaftskrise in den 30er Jahren zwang dazu, sich im großen Stil mit der Sanierung und Liquidation von Unternehmen zu beschäftigen. Ebenso entstanden erste Ansätze, die Unternehmen helfen können, mit solchen Krisensituationen besser umzugehen. Gegenstand der Forschung waren der Konjunkturverlauf sowie die volkswirtschaftlichen Ziele wie Vollbeschäftigung, Wirtschaftswachstum, außenwirtschaftliches Gleichgewicht und die Preisstabilität. Der Wirtschaftswissenschaftler Joseph Alois Schumpeter beschreibt wirtschaftliche Entwicklungen mit den nach Gesetzmäßigkeiten ablaufenden Konjunkturzyklen.

Nach dem zweiten Weltkrieg, in der Zeit des Wirtschaftswachstums der fünfziger und sechziger Jahre, verschwanden die Fragen nach den Wirtschaftskrisen. Erst die Rezession Ende der sechziger Jahre und die Ölkrise zu Beginn der siebziger Jahre brachten Überlegungen zu wirtschaftlichen Krisen und zu betriebswirtschaftlichen Lösungen wieder ins Bewusstsein. Aufbauend auf Erfahrungen aus der Praxis wurden zunehmend mehr Forschungsansätze zur Krisenentstehung entworfen, systematisiert und bearbeitet, als es bislang der Fall war.

Krisenmanagement als Führungsaufgabe

In den siebziger Jahren des letzten Jahrhunderts wurden die betriebswirtschaftlichen Fragestellungen diversifiziert. Es galt zunehmend, das Krisenmanagement als wichtige Führungsaufgabe anzusehen. Gleichzeitig war der Wandel von der Industrie- zur Informationsgesellschaft durch den immer schneller voranschreitenden Einsatz von Datenverarbeitungsmöglichkeiten zu bewältigen. Die Unternehmen waren gezwungen, sich diesen Veränderungen zu unterwerfen, um nicht zum Beispiel durch mangelhafte Informationstechnik Wettbewerbsvorteile und Marktanteile zu verlieren. Kritik an den gesellschaftlichen Entwicklungen wurde von humanistischen Denkern aufgeworfen, so zum Beispiel auch von Erich Fromm, für den „... eine gesunde Wirtschaft nur um den Preis kranker Menschen möglich ist".

In dieser Zeit wurde von der Forschung immer stärker die Frage aufgegriffen, inwieweit eine wirtschaftliche Krise Ergebnis von Führungsversagen ist. Damit wurden die Steuerungsmöglichkeiten des Unternehmens und die individuellen Entscheidungspräferenzen sowie die sozialen Verhaltensweisen zum Betrachtungsgegenstand der Krisenforschung.

Heute sind mit der Weiterentwicklung von vernetztem Denken und systemtheoretischen Ansätzen komplexe Denkmodelle zu Krisentheorien entwickelt worden. Im systemtheoretischen Ansatz wird als Krise definiert, wenn in einem System das Repertoire der Steuerungsmechanismen nicht mehr ausreicht, um ein Problem selbst zu lösen.

In der sozialpsychologischen Forschung stehen der Wahrnehmungs- und der Informationsverarbeitungsprozess des Individuums im Vordergrund. Planungen und Handlungen in Unternehmen können nur vorangetrieben werden, wenn entsprechende kognitive Prozesse bei der einzelnen Führungskraft und bei allen Mitarbeitern ablaufen.

Krise als Wendepunkt

Die Bedeutung des Wortes Krise bezeichnete lange Zeit einen Wendepunkt, ohne dass damit eine Aussage über eine problematische Situation gemeint war. Noch heute wird im medizinischen Sprachgebrauch Krisis als Höhe- und Wendepunkt einer Krankheit bezeichnet. Erst im 18. Jahrhundert setzte sich der heute allgemein gültige Sprachgebrauch durch, wonach mit Krise eine schwierige und problembeladene Situation gemeint ist.

Nach der alten Begriffsdefinition befinden sich viele Unternehmen permanent in Krisen, denn Wendepunkte zum Beispiel in der Produkt- oder Preispolitik sind keine Seltenheit, sondern stellen die permanente Notwendigkeit der Flexibilität eines Unternehmens dar.

Erstaunlich, wie schnell auch große Unternehmen zum Beispiel durch geringe Umsatzeinbußen in Schwierigkeiten geraten können. An ausreichende Reserven ist nur in den wenigsten Fällen gedacht worden. Es sind Kapazitäten in Zeiten der Hochkonjunktur aufgebaut worden, die dann bei Abweichungen vom ursprünglichen Plan als Überkapazitäten zu schnellem Abbau zwingen.

In den letzten Jahren wird deutlich, wie stark die volkswirtschaftlichen Entwicklungen, die Globalisierungstendenzen und die politischen Veränderungen in den Ländern von sehr subjektiven Faktoren abhängig sind. Entscheidende Weichenstellungen werden nicht selten durch den Zeitgeist geprägt und von sehr persönlichen Wahrnehmungsmustern und Präferenzen der agierenden Entscheider geprägt. Deshalb ist es unerlässlich, die bedeutsamen Faktoren in Unternehmen und bei den jeweiligen Führungskräften zu identifizieren und ihre Wirkmechanismen zu kennen und zu nutzen.

4. Was führt zu Krisen in Unternehmen?

Die Entstehung von Krisen beginnt nicht erst kurzfristig vor ihrem Bekanntwerden. Häufig geht eine lange – manchmal bis zu jahrelange – Fehlentwicklung voraus. Entscheidend bei diesen Krisenentwicklungen sind Fehler, die leider viel zu selten wahrgenommen oder viel zu spät als solche erkannt werden. Allzu gern werden die Ursachen ausschließlich auf externe Faktoren geschoben. Es ist einfacher, sich über äußere Einflüsse zu erregen und die Verantwortung für eigenes Fehlverhalten damit unter den Tisch zu kehren. In den meisten Fällen sind nicht nur einzelne Ursachen, sondern ein ganzes Bündel oder eine Kette für das Entstehen einer wirtschaftlichen Krise eines Unternehmens ursächlich verantwortlich.

Die Grundannahme, dass immer mehrere Faktoren zusammenkommen und über längere Zeit aufeinander einwirken, also in Form eines Prozesses aufeinander aufbauen, sollte man immer im Auge behalten. Dennoch ist es für die genauere Analyse sinnvoll, die einzelnen Aspekte gesondert zu betrachten und die externen und internen Ursachen zu beschreiben.

Äußere Ursachen

Gesamtwirtschaftliche Entwicklungen

Weltweite Wirtschaftsentwicklungen wie Rezessionen, Veränderungen der Rohstoffpreise oder Exportrestriktionen können Einfluss auf Entscheidungen und Erfolge in Unternehmen haben.

Branchenweite Entwicklungen

Bestimmte Bedingungen, zum Beispiel Liberalisierungsgesetze, Sicherheitsbestimmungen usw., können die gesamte Branche beeinflussen. Entscheidend ist oft das Verhalten der einzelnen Wettbewerber, die durch ihre Aktionen auf andere Firmen Einfluss nehmen. Ferner sind es Produktinnovationen, Instrumente des Marketing oder zum Beispiel die Intensität der Marktbearbeitung der Wettbewerber, die als wichtige Ursachen für Fehlentwicklungen gelten können.

Entwicklungen im eigenen Geschäftsumfeld

Manche Einflüsse auf ein Unternehmen können vom direkten Geschäftsumfeld ausgehen. Dazu zählen etwa Gesellschafter, Aktionäre, wichtige politische Entscheider, Lieferanten, Lizenzgeber, Stiftungsmitglieder. Veränderungen oder wichtige Entscheidungen dieser Akteure können teilweise relevante Veränderungen in Unternehmen „lostreten". In den meisten Fällen kommt es bei fehlender Kurskorrektur durch „Nichtreagieren" zu den ersten Weichenstellungen hin zu einer Unternehmenskrise.

Katastrophen und sonstige Einflüsse

Auch nicht vorhersehbare Ereignisse wie Naturkatastrophen, Kriege, Krankheitsepidemien und Terroranschläge können sich nachteilig auf die Ergebnisse von Unternehmen auswirken.

Ein erfolgreiches Unternehmen wird gegen diese äußeren Einflüsse durch Handlungsalternativen rechtzeitig Vorsorge treffen, um in den Not- und Krisenzeiten schnell und adäquat handeln zu können. Hier bildet sich die Klammer zwischen den internen und externen Ursachen von Krisen. Solange im Unternehmen ein schlechtes Krisenmanagement vorherrscht, kann nicht auf die äußeren Einflüsse reagiert werden. Zusätzlich kann das Unternehmen durch seine inneren Missstände massiv zum Entstehen von Krisen beitragen oder sie gar verursachen.

Innere Ursachen

Nun wissen wir, dass Krisen in Unternehmen in vielen Fällen eine lange Vorgeschichte haben. Dietrich Dörner hat dies in seinem Buch „Die Logik des Misslingens" auf den Punkt gebracht. Oft werden Symptome beobachtet, die dann in vielen Versuchen behoben werden. Die tatsächlichen Ursachen bleiben uns jedoch oft verborgen. Die Frage, die sich uns stellt, war die nach den tieferen Gründen hinter Unternehmenskrisen. Nach den Ursachen zweiter Ordnung, die nicht auf den ersten Blick erkennbar sind, können jedoch wie ein Krebsgeschwür ein Unternehmen langsam in die Schieflage bringen können.

Die Ursachen von Krisen sind höchstwahrscheinlich so vielfältig wie die Krisen selbst. Vordergründig sind es fast immer die gleichen Gründe: Der Umsatz bricht weg, die Kosten explodieren, die Liquidität ist gefährdet, das Unternehmen wird insolvent. Wer einen Blick hinter die Kulissen wirft, erkennt oft andere Gründe. Häufig ist es so, dass die Strategie nicht gestimmt hat. Das Unternehmen ist mit Pauken und Trompeten und mit Vollgas gegen die Wand gefahren. Ebenso häufig ist erkennbar, dass die Mitarbeiter oder das Management nicht in der Lage sind, sich auf veränderte Rahmenbedingungen einzustellen und nicht situationsadäquat handeln können. Da Entscheidungen über die Strategie, ebenso wie die Organisationsform, also die Strukturen des Unternehmens, von der jeweiligen Unternehmenskultur beeinflusst werden, lassen sich – entsprechend dieser Logik – fast alle Unternehmenskrisen auf die bestehende Unternehmenskultur zurückführen. Daraus ergibt sich der bekannte Satz: „Die meisten Krisen sind hausgemacht!"

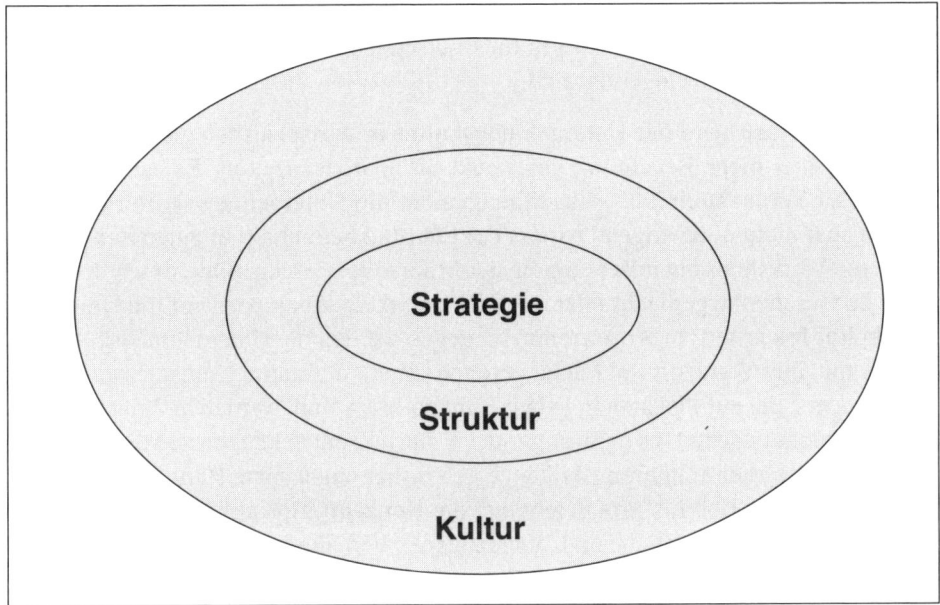

Abbildung 1: Zusammenhang von Strategie, Struktur und Kultur

Im folgenden Abschnitt bringen wir Ihnen die Ursachen für strategisch, strukturell und kulturell bedingte Krisen näher.

4.1 Unternehmenskultur als Krisenfaktor

Der Begriff der Unternehmenskultur ist nicht einfach zu definieren und zu beschreiben. Wird er doch in verschiedener Weise genutzt und auch gelegentlich missbraucht. Die Unternehmenskultur ist keineswegs das, was häufig in Hochglanz-Broschüren, in den Geschäftsberichten oder in Stein gemeißelt im Eingangsbereich des Firmensitzes steht. Die Unternehmenskultur ist nicht nur bewusst gestaltet, sie ist auch das, was unbewusst entsteht. In der Unternehmenskultur kommen die bewussten und unbewussten Erwartungen und Botschaften in Bild, Schrift, Symbolen, Normen und Werten zum Ausdruck.

Besonders wichtig ist der Begriff der Erwartungen. Dahinter verbergen sich Verhaltensweisen, Rituale, Mythen und Tabus, die das Verhalten steuern. Diese Erwartungen werden nicht in allen Fällen bewusst kommuniziert und offen bei den Mitgliedern der Organisation angesprochen. Daher ist es oft nicht leicht, diese vor- oder unbewussten Muster der Erwartungen zu befolgen. Besonders schwierig ist dies für ausländische

Mitarbeiter, die noch weniger mit den verdeckten Anforderungen vertraut sind als einheimische Beschäftigte. Gleiches gilt für Deutsche, die in einem internationalen Unternehmen im Ausland eingesetzt sind.

Erfahrungsgemäß wird der Unternehmenskultur in wirtschaftlich guten Zeiten des Unternehmens mehr Beachtung geschenkt als in Krisenzeiten. Es schleicht sich schnell der Verdacht ein, dass das Management die Unternehmenskultur als einen „netten aber nicht notwenigen" Aspekt der Führung betrachtet. In guten Zeiten werden gerne Workshops unter Beteiligung der Mitarbeiter durchgeführt, es werden symbolische Geschenke gemacht oder die Öffentlichkeitsarbeit wird auf die Unternehmenskultur fokussiert. In Krisenzeiten hingegen werden die Unternehmenskultur als Ganzes und ihre Werte oft mit Füßen getreten. Zuvor definierte Umgangsformen des Miteinanders, die auf Plakaten in jedem Büro zu lesen sind, werden in Zeiten der Not nicht nur nicht beachtet, es kann sogar der Eindruck entstehen, diese Werte werden ins Gegenteil verkehrt. Führungskräfte zeigen bisher ungekannte Härte, Kommunikation wird eher als Befehlsform gelebt und die Konzentration auf die Krisenbewältigung erlaubt sogar unhöfliche und „ungezogene" Verhaltensweisen auf allen Hierarchieebenen.

Veränderungsbereitschaft

Nicht bewusst ist häufig die Tatsache, dass die Unternehmenskultur in einem Betrieb selbst krisenauslösend oder krisenverstärkend sein kann. In den wenigsten Fällen, in denen Organisationen in eine Krise geraten sind, wird dieser Aspekt in ausreichendem Maße reflektiert und beachtet. Noch weniger werden dann Weichenstellungen oder Änderungen vorgenommen, um die schädlichen Einflüsse aus der Unternehmenskultur zu beheben.

Meistens sind es die heiligen Kühe, die nicht angetastet werden. Das Festhalten an dem Bekannten und Bewährten ist die häufigste Verhaltensweise, die eine krisenhafte Entwicklung begünstigt. Wer hat nicht schon „Das haben wir aber noch nie gemacht!" gehört? Veränderungsbereitschaft ist ein zentraler Wert in der Gruppenkultur. Wenn dieser Wert nicht kontinuierlich gepflegt wird, kann es in Krisenzeiten zu ernsten Konflikten in einem Unternehmen kommen.

Kulturwechsel

Mit schnellen Veränderungen in Unternehmen, wie zum Beispiel Geschäftsführerwechseln oder Strategiewechseln, können kulturelle Veränderungen nicht Schritt halten. Fundierte Veränderungen der Unternehmenskultur lassen sich nicht kurzfristig erreichen, daher hinkt der Wechsel in kulturellen Aspekten den wirtschaftlichen Entwicklungen stets hinterher. Unternehmensvisionen fehlen, können nicht auf die Schnelle erarbeitet werden und lassen sich nicht mal eben in den Köpfen der Mitarbeiter verankern. Zukunftsbilder sind oft nicht konkretisiert oder verändertes Führungsverhalten ist inkongruent oder wird von den Mitarbeitern falsch gedeutet. Vielgepriesene Aspekte der Kultur, nämlich Identifikation und gemeinsame Werte, sind in Zeiten des Wandels schwer zu steuernde Elemente. Diese Identifikation mit dem Unternehmen, die Garant für Leistungsmotivation ist, wird zum Pferdefuß für den Wandel. Je mehr die Belegschaft an der alten Unternehmenskultur hängt, um so weniger wird sie bereit sein, sich den Unternehmensveränderungen zu stellen und die Change-Management-Prozesse zu unterstützen.

Kommunikation

Ein weiterer immens wichtiger Wert in einer Gruppenkultur ist die Form der Kommunikation. Damit ist die Kommunikation nach außen, zum Beispiel zu den Kunden, den Lieferanten, Verbänden, zur Presse und auch nach innen gemeint. Die Besonderheiten der internen Kommunikation werden unter dem Abschnitt „sinnvolle Handlungsalternativen" gesondert behandelt.

Führung und Kultur

Die Unternehmenskultur setzt sich einerseits aus den offiziellen Werten und Normen und andererseits aus den ungeschriebenen Gesetzen zusammen. Führungskräfte haben die Möglichkeit, die Unternehmenskultur bewusst durch Betriebsvereinbarungen, Führungsinstrumente, Kulturaktionen und Vorbildfunktion zu gestalten. Gleichzeitig nehmen die offiziellen und inoffiziellen Elemente der Unternehmenskultur Einfluss auf die Denk-, Verhaltens- und Handlungsweisen der Führungskräfte und auch der Mitarbeiter. Daher werden Problemlösungen immer auch unter dem Blickwinkel der jeweilig vorherrschenden Unternehmenskultur gesucht und getroffen.

Ist ein Unternehmen im Traditionalismus verankert, wird das Vorgehen in Krisenzeiten eher an Vergangenem und Bewährtem orientiert sein. Ist zudem die Geschäftsleitung in alten kulturellen Normen verhaftet, so dass eine adäquate situationsgerechte Führung nicht mehr möglich ist, wird die Unternehmensführung zu einem toxischen Faktor für die Firma, weitere Fehlentwicklungen sind nicht zu vermeiden und das Aus des Unternehmens wird unweigerlich bevorstehen.

Besonders Start-up-Unternehmen, Unternehmen des „Neuen Marktes" und der Informationstechnologie sind auch in Krisenzeiten aufgeschlossen für Neues und reagieren oft – vielleicht zu oft – mit Veränderungsbereitschaft. Daraus resultiert, dass Risiken weniger wahrgenommen werden und Experimenten der Vorzug gegeben wird.

Junge Unternehmen gründen ihre Unternehmenskultur häufig auf Partikularismus, wobei die freundschaftlichen und zwischenmenschlichen Beziehungen ohne Rücksicht auf die Organisationsziele im Vordergrund stehen. Ganz anders hingegen wird zum Beispiel in Non-Profit-Unternehmen die Verpflichtung gegenüber der Gesellschaft hervorgehoben. In manchen Unternehmen wird eher pragmatisch, in anderen eher idealistisch entschieden, wobei dann Denken, Problemlösen und Verhalten an Idealvorstellungen orientiert sind.

Ein entscheidender Faktor der Unternehmenskultur ist die Gestaltung der Machtdistanz. Bei einer geringen Machtdistanz werden Statusunterschiede nur schwach betont, bei hoher Machtdistanz hingegen werden die hierarchischen Differenzen und Statussymbole sehr hervorgehoben. Je stärker die Machtdistanz im Unternehmen geduldet wird, desto autokratischer werden Entscheidungen getroffen, die in Krisenzeiten Probleme lösen sollen.

Auch das Verhalten gegenüber Unsicherheit beschreibt einen wichtigen Aspekt der Problemlösekultur in einer Gruppe. Es kann einerseits die Bereitschaft bestehen, sich auf instabile und widersprüchliche Situationen einzulassen, andererseits kann bei Unsicherheit besonders darauf Wert gelegt werden, dass vorgegebene und formale Regeln eingehalten werden. Ferner entsteht in Krisenzeiten die Neigung, abweichende Ideen und Verhaltensweisen negativ zu sanktionieren.

Falsches Zeitmanagement

Der heutige Zeitgeist ist von Schnelllebigkeit geprägt. Das Tempo bestimmt viele Bereiche: Firmenan- und -verkäufe werden in Windeseile beschlossen. Ware und Wissen müssen „just-in-time" vorhanden sein, Produktinnovationen werden schneller und Produktzyklen ständig kürzer, Schnitte in Filmszenen werden in Sekunden getaktet – die Liste lässt sich endlos weiterführen. Mit dieser Entwicklung Schritt zu halten und sie selbst voranzutreiben wurde lange Jahre als beinah einzige Möglichkeit betrachtet, Unternehmen zeitgemäß zu führen.

Der stete Wandel wurde als einzige Möglichkeit des Überlebens in Zeiten der Globalisierung angesehen. Mit der vielgelobten Schnelligkeit von Veränderungen trat aber auch Unrast in das Management von Unternehmen ein. Strategien werden seither mehrfach und kurzfristig geändert, Richtung und Zielsetzung werden stets gewechselt und die Mitarbeiter verlieren in diesen Zeiten sachlich die Orientierung und emotional die Identifikation mit dem Unternehmen. Daniel Goeudevert bezeichnet diese Entwicklung mit folgenden Worten: „Und tatsächlich denke ich, dass die meisten Probleme, denen wir uns gegenübersehen, ihren Ursprung nicht etwa in einer Wirtschafts- oder Arbeitsmarktkrise haben, sondern aus einer Orientierungskrise resultieren."

In der jüngsten Vergangenheit wird vom Turbokapitalismus gesprochen, der von immenser Beschleunigung und zwanghaftem Erneuern geprägt ist. Der vielbeschworene Wandel, der als Heilslehre für alle wirtschaftlichen Schwierigkeiten galt und auch heute noch gilt, lässt in Unternehmen beispiellose Betriebsamkeit entstehen, die nicht in allen Fällen zum wirtschaftlichen Erfolg führt. Nicht selten wurden Firmen dadurch in den Ruin geführt. Unüberlegter Aktionismus am Markt, unkontrolliertes Finanzgebaren, desolate Bilanzierung und willkürliche Führung der Mitarbeiter gingen damit einher.

Die zunehmende Informationsflut verlangt vom Management, anhand komplexer Datenmengen in kürzester Zeit zu entscheiden, welche Informationen als Entscheidungsgrundlage dienen können. Die schnellen und komplexen Veränderungen, die ein Unternehmen treffen, treffen es oft überraschend und unvorbereitet. So rutschen die Unternehmen heute viel schneller in die Krise als noch vor 10 oder 20 Jahren. Auch ist durch die vielfältigen Veränderungen eine Vorausschau fast unmöglich. Mit fehlender oder unvollständiger Vorausschau aber lassen sich weder Risikobewertungen vornehmen noch Pläne für ein Risikomanagement erstellen.

Werteverschiebungen

Zusätzlich zur sozial bedingten Priorisierung ändert sich in Krisenzeiten die Wahrnehmung von Sachverhalten sowie die kognitive Bewertung dieser Sachverhalte. In vielen Unternehmen nimmt in Krisenzeiten die Betonung von Leistung, Dominanz und Besitzstreben zu. Beziehungs- kooperations- und vermittlungsorientiertes Verhalten gelten hingegen als schwach und für Problemzeiten als nicht passend und werden nicht selten sanktioniert.

In den letzten Jahren hat eine deutliche Abkehr von Regularien und geradezu eine Verteufelung von Bürokratie stattgefunden. Stattdessen ist es zur Bevorzugung individueller Wertungen und damit zur Bevorteilung Einzelner gekommen. Entsprechend diesem Zeitgeist haben die kollektive Verpflichtung auf soziale Werte und die Berücksichtigung der Interessen anderer abgenommen. Der Modebegriff des Ego-Marketing ist in den letzten Jahren aufgekommen. Der Einzelne „vermarktet" sich wie ein Unternehmen, um die Realisierung ausschließlich seiner eigenen Interessen zu erreichen. Team- oder Gruppendenken fehlen oder werden sogar aktiv abgelehnt und als Sozialromantik verteufelt.

Ist in einem Unternehmen der Handlungsspielraum der einzelnen Mitarbeiter großzügig geregelt, werden unternehmenseinheitliche Vorgehensweisen in Krisenzeiten ein sehr schwieriges Unterfangen. Ist die Autonomie von Führungskräften bisher ein wichtiger Wert der Unternehmenskultur gewesen, werden Abstimmungen, Kooperation und Gruppenleistungen in Krisenzeiten zu schwierigen Führungsaufgaben. Häufig werden „einsame" und/oder unliebsame Entscheidungen der Geschäftsleitung gerade von den Führungskräften wenig akzeptiert. Sind im Arbeitsalltag bisher Verantwortung für Aufgaben und Ergebnisse gemeinsam getragen worden, müssen auch in Notsituationen die Lösungsfindung bzw. Ansätze dazu gemeinsam bearbeitet werden, andernfalls würde der Widerstand gegen die krisenbedingten Neuerungen erheblich wachsen.

Waren in der Vergangenheit Transparenz der Aufgaben und Klarheit bzgl. der Rollen üblich gewesen, so lösen unklare Situationen, Veränderungen und Krisenmanagement bei manchen Mitarbeitern Unsicherheit und Angst aus.

In der Regel werden Personalbeurteilungen hinsichtlich Qualifikation, Anforderungen, Einsatz oder Aufstiegschancen in Krisenzeiten anders ausfallen als in Zeiten, in denen Wachstum und Stabilität die Unternehmenssituation bestimmen. Derartige Veränderungen werden von der Belegschaft in unterschiedlicher Weise wahrgenommen und bewertet. Sicherlich sind es nicht alle Beschäftigten, die Verständnis dafür aufbringen, dass zum Beispiel die Bewertung ihrer Leistung und damit oft verbunden der variable Gehaltsanteil von der finanziellen Lage des Unternehmens abhängt. In guten Zeiten werden großzügiger Karrieren gefördert, in finanziell schlechten Zeiten werden nicht nur Kostensparprogramme propagiert, es entsteht sogar der Eindruck, als gäbe es keinen Bedarf an Nachwuchskandidaten.

Wir-Gefühl

Aber auch das Zusammenwachsen und Zusammenhalten sind Effekte, die in vielen Unternehmen oder Organisationseinheiten in Krisenzeiten zu beobachten sind. Das Sich-gemeinsam-den-Aufgaben-stellen kann eine wichtige Ressource im Wandlungsprozess einer Firma sein. Dazu ist es erforderlich, dass bereits intakte soziale Strukturen bestehen, die auf Vertrauen und Verlässlichkeit basieren. Unterstützung durch Kollegen und Vorgesetzte sind der beste Garant, dass die wirtschaftlichen Ziele erreicht werden, ohne dass es zu Widerstand, Mobbing und Boykott kommt. Oft sind Krisenzeiten durch hohe Arbeitsbelastung, immenses Arbeitsvolumen und besondere thematische Schwierigkeiten für einzelne Mitarbeiter gekennzeichnet. Gerade in diesen Zeiten ist die Anerkennung dieser Besonderheiten wichtig und notwendig, um die relevanten Weichenstellungen für das Unternehmen nicht durch Frustration, Mangel- oder Minderleistung zu gefährden.

Gewinnt der Einzelne im Unternehmen durch Krisensituationen größere Möglichkeiten, seine individuellen sozialen Bedürfnisse zu befriedigen, wird er das Unternehmen und seine Aufgaben als attraktiver wahrnehmen. Forschungsergebnisse wie auch Erfahrungen aus der Praxis zeigen, dass mit dem Prinzip der Partizipation eine größere positive Wirkung erreicht werden kann. Nicht selten jedoch wird das Wir-Gefühl und die Identifikation mit dem Unternehmen zugunsten von immer schneller wechselnden Unternehmenszielen und Ideen geopfert. Dass manche Belegschaften in Unternehmen diesen Wechsel nicht mehr nachvollziehen können oder wollen, erscheint daher nicht verwunderlich. Als Reaktion auf den schnellen Wechsel folgen nicht selten ein Nachlassen des Engagements und der Dienst nach Vorschrift. Das sind Entwicklungen, die im Zeichen des geforderten Mit-Unternehmertums der Belegschaft und des Empowerments der Mitarbeiter keineswegs erwünscht sind.

Den Posten retten

Man denke an die Prestigefrage, wie viele Mitarbeiter ein Manager in seinem Bereich führt. Jede Führungskraft will so viele Mitarbeiter wie möglich haben. Es gilt als ein Zeichen von Macht und Einfluss, wenn jemand einer großen Anzahl von Mitarbeitern vorsteht. Daher ist schon bei den ersten Ansätzen von krisenhaften Entwicklungen nur selten die Bereitschaft von Chefs zu erkennen, ihren eigenen Machtradius zu reduzieren. Sonderbare Rationalisierungen werden hervorgebracht, wenn es darum geht, um jeden einzelnen Posten zu kämpfen. Für das eigene Image wird sogar das Wohl des Unternehmens geopfert. In unzähligen Verhandlungen wird versucht, dass eher die Mitarbeiter der anderen Abteilungen abgebaut werden und die eigene Macht erhalten bleibt.

Vorteile für die Seilschaft

Auch ein beliebtes Mittel in Krisenzeiten ist, die eigene Seilschaft auszubauen und eng an sich zu binden. Kollegen oder Mitarbeiter, die in Seilschaften den Chef unterstützen, erhoffen sich dadurch selbst einen Vorteil. Ziel solcher Koalitionen in Krisenzeiten ist es, sich selbst durch Befürworter und Unterstützer mehr positive Machtfülle zu verleihen. Denn dadurch glaubt man, sich für das Unternehmen unersetzlich zu machen.

Um sich das Wohlwollen der eigenen Seilschaft zu erkaufen, werden gern Incentives, Prämien, außerplanmäßige Gehaltserhöhungen, Personalentwicklungsmaßnahmen, Beförderungen und sonstige Vergünstigungen vergeben, obwohl sie meistens in Krisenzeiten der allgemeinen Kostenlage des Unternehmens entgegenstehen.

Machtspiele, Vetternwirtschaft oder Klüngel

Wenn der Geschäftsführer eines Tochterunternehmens in einem Konzern mit dem Vorsitzenden des Konzerns persönlich nicht klar kommt, können die Umsatz- und Gewinnzahlen noch so gut sein, es werden stets Gründe gefunden, um eine Ablösung des unliebsamen Kollegen voranzutreiben und zu erreichen. Wer heute noch denkt, dass die meisten Entscheidungen aus rein sachlichen Erwägungen getroffen werden, ist ein Narr. Heute, wie eh und je, spielen in Organisationen neben den messbaren Ergebnissen vor allem Faktoren eine Rolle, die sich auf der Beziehungsebene abspielen.

Um einflussreiche Personen oder Organisationen in positiver Weise an das Unternehmen zu binden, werden häufig betriebswirtschaftlich nicht begründbare Maßnahmen ergriffen. Da wird schon einmal der mehrfach im Studium gescheiterte Sohn eines Landtagsabgeordneten eingestellt oder ein Günstling eines Mitglieds im Aufsichtsrat auf einen wichtigen Führungsposten gesetzt, obwohl er die geforderte Qualifikation auch nicht annähernd mitbringt. Einflussreiche Politiker und deren Familienangehörige werden in großen Sponsoraktionen gefördert. Die Liste ließe sich ohne Anstrengung weiter fortführen. Allen solchen Aktionen ist gemeinsam, dass man damit in einem unsichtbaren Netzwerk wichtige Personen, von denen man sich Vorteile erhofft, günstig stimmt. Kurzfristig mag dies gelingen. Langfristig steigt in diesem Unternehmen das Potenzial von Inkompetenz, Korruption und Kriminalität. Dies rächt sich eines Tages ...

Kommunikation

Zur Steuerung von Veränderungsprozessen – und das sind nun einmal Kurskorrekturen während Krisenzeiten – ist eine professionelle Kommunikation unerlässlich. Die häufigsten Fehler, die in Krisensituationen gemacht werden, sind zu späte und unvollständige Informationen. Weder Betriebsrat, Personalabteilung noch die direkten Vorgesetzten sind eingebunden. Manchmal werden nicht einmal die Geschäftsführer von Tochterunternehmen im Konzernverbund darüber informiert, dass die Firma verkauft wurde.

Daraus entstehende Folgen können häufig die Krise noch verschärfen. Kostentransparenz oder die Kenntnis der Hintergründe von Entscheidungen müssen bei den entsprechenden Stellen (zum Beispiel Betriebsrat) im Unternehmen gewährleistet sein, um geeignete Maßnahmen nachzuvollziehen und umsetzen zu können. Sicherlich sind wichtige strategische Entscheidungen nicht basisdemokratisch mit der gesamten Belegschaft zu diskutieren. Hier gilt es, einen ausgewogenem Mittelweg zwischen autokratischem Entscheiden und sensiblem Führen zu finden. Ein Weg, der immer auch der Situation angepasst sein muss

Manipulative Kommunikation, in der die Ursachen der Krise und die Beweggründe für Entscheidungen verdreht und beschönigt werden, wird von den Mitarbeitern sehr schnell durchschaut. Verlust von Vertrauen in die Führung, innere und offizielle Kündigungen und auch Boykott des Veränderungsmanagements sind die Folgen.

4.2 Strukturen und Prozesse als Krisenfaktor

Aufbauorganisation

Manche Firmen behalten ihre Aufbauorganisation über lange Zeit, oft über Jahre hinweg bei. Änderungen werden aus verschiedenen Gründen nicht durchgeführt bzw. sind manchmal nicht nötig. In den meisten Fällen scheut das Management davor zurück, Führungskräfte zu entmachten und sie zu „Frühstücksdirektoren" zu machen oder sie zu entlassen. Daher ist es gerade in traditionsbewussten Firmen nicht selten, dass alte Strukturen, obwohl sie weder nützlich noch sinnvoll sind, beibehalten werden. Aber auch bei Änderungen auf Mitarbeiterebene ist es nicht selten, dass alte Gewohnheiten einfach erhalten bleiben, obwohl die ursprünglichen Notwendigkeiten nicht mehr bestehen.

Ein Unternehmen mit über 700 Mitarbeitern leistete sich im Personalbereich eine Mitarbeiterin, deren einzige Aufgabe darin bestand, die Ablage der Führungszeugnisse zu pflegen und die Erstattung der entsprechenden Gebühren für die neu eingestellten Mitarbeiter zu bearbeiten. Dieser Arbeitsplatz wurde erst aufgegeben, als die Mitarbeiterin in Ruhestand ging. Die Aufgaben wurden danach von den übrigen Personalsachbearbeitern ohne weiteren Aufwand übernommen.

Firma in der Firma

Auch die übermäßige Aufsplittung von Unternehmen kann sehr schädlich für die Abläufe in den Geschäftsprozessen sein: Wenn etwa eine mittelständische Firma mit 350 Mitarbeitern Business-Units einrichtet, jeder Chef dieser Units sich selbst wieder einen stark hierarchischen Unterbau aufbaut, so dass eine Führungsspanne von 1:5 entsteht, das heißt 5 Mitarbeiter einen Chef haben. Die Gefahr liegt hier in der Vervielfachung von Kosten durch die Strukturen (jede Unit setzt eigene Werbeagenturen ein, jede Unit hat ihren eigenen Vertrieb etc.). Aber auch die Führung dieser vielen Chefs fordert von der Geschäftsleitung besonderes Geschick, das leider bei den oft viel zu jungen und damit auch unerfahrenen Führungskräften nicht vorhanden ist. Die Folgen dieses Missmanagements sind in einem konkreten Fall massiver Personalabbau, Konsolidierung der Produkte und mehrfacher Verkauf des Unternehmens, ohne dass bisher eine Stabilisierung der Firma erreicht wurde.

Change-Management als täglicher Wechsel

Krisenzeiten führen in Unternehmen häufig zu Veränderungen der Aufbauorganisation. Damit müssen bestehende Aufgaben-, Stellen und Tätigkeitsbeschreibungen entsprechend angepasst werden, was in den hektischen Zeiten einer Krise nur selten professionell gelingt. Gelegentlich werden die unternehmensinternen Krisen erst durch die Änderungen der Aufbaustruktur verstärkt. Umorganisationswut, Modeworte wie Rationalisierung, Reengineering und Lean-Management prägen den Wortschatz der veränderungswilligen Manager.

Ein Mitarbeiter eines großen Telekommunikationskonzerns beklagt die kontinuierlichen Organisationsänderungen. In 3 Jahren hatte er 7 verschiedene Vorgesetzte und noch mehr unterschiedliche Aufgaben. Hier kann nicht von einem gesunden Wandel gesprochen werden, sondern es entsteht der Eindruck einer ziellosen Unruhe im Management. Sind Gruppenstrukturen, Tätigkeiten oder Arbeitsprozesse nicht in geeigneter Form dokumentiert worden, so liegen informelle Strukturen vor, deren Änderung eine erhebliche Schwierigkeit darstellen. Oft sind langjährige Gewohnheiten und Gewohnheitsrechte entstanden, deren Existenz nicht transparent ist und deren Veränderbarkeit sich damit den üblichen Veränderungsprozessen entzieht.

Da die meisten Maßnahmen zur Krisenbewältigung in Unternehmen mit Personalversetzungen und Personalabbau verbunden sind, kommt den Veränderungen der offiziellen Struktur eine wichtige Rolle zu. Parallel dazu ändern sich mit dem Austritt von Personal ebenfalls die informellen Strukturen. Häufig in der Praxis auftretende Phänomene sind, dass sich Führungskräfte beim Personalabbau ihre Seilschaften erhalten und damit die sachlichen Ziele von Organisationsänderungen nicht genügend verfolgt und nicht erreicht werden können.

Im Laufe von zunehmendem wirtschaftlichen Druck in Unternehmen lässt sich beobachten, dass das Prinzip der Schwarz-Weiß-Gesellschaft, die nur Sieger oder Verlierer kennt, sich immer mehr durchsetzt. Gelegentlich werden auch Führungsinstrumente wie zum Beispiel Zielvereinbarungen oder Incentives im Vertrieb daran ausgerichtet. Die Folgen davon sind Polarisierung im Denken und Handeln, Ausgrenzen von Mitarbeitern und eine Hire-and-Fire-Mentalität.

Ablauforganisation

Die Ablauforganisation ist nicht selten das Stiefkind in einem Unternehmen. Viel zu uninteressant ist es, sich mit den detaillierten Vorgängen an Schreibtischen oder Fließbändern zu beschäftigen. Erst die Vorgaben durch Maschinen, Roboter und computergesteuerte Arbeitsstraßen bringen Ordnung in die Abläufe. Bei den weniger maschinengestützten Arbeiten am Schreibtisch werden mit Hilfe von Checklisten, Business-Rules oder der Dokumentation im Rahmen von Zertifizierungen Abläufe koordiniert.

Alte traditionsbewusste Unternehmen werden häufig kritisiert, weil die Administration in ihrer Entstehung eine Eigendynamik entwickelt und sich aufbläht. Dies ist sicher berechtigt, wenn an solche Entwicklungen gedacht wird, wie sie im nächsten Beispiel aufgezeigt wird.

Zwei Personalsachbearbeiter sind für Einsatz und Abrechnung von Aushilfen zuständig. Diese beiden Mitarbeiterinnen nutzen für die Erfassung der Arbeitszeit handschriftlich ausgefüllte Zettel, deren Summe mit der Rechenmaschine ermittelt wird. Einfache Programmierungen mittels Excel-Tabellen wurden abgelehnt – und das im Jahr 2000. Es erübrigt sich, hier ausführlich die Nachteile dieses völlig veralteten Arbeitsprozesses zu erörtern.

Unternehmen haben sehr verschiedene und facettenreiche Anforderungen an ihre eigene Administration. Sie hängen von den Vorlieben der Geschäftsleitung oder den Anforderungen der Gesellschafter ab, die letztendlich bestimmen, welche Ausprägung eine Administration im Unternehmen einnehmen wird.

In einem großen Tochterunternehmen eines Telekommunikationskonzernes hat der Personalgeschäftsführer sich selbst kein Ablagesystem ausgebaut oder Akten geführt. Alle Infos holte er aus der Riege seiner direkt unterstellten Führungskräfte. Da jedoch keine verbindliche Absprache bestand, welches Reporting, welche Daten und welche Abläufe bei wem lagen, kam es nicht selten vor, dass trotz einer sehr umfangreichen Administration Daten in der gewünschten Form nicht verfügbar waren. Die Sammel- und Registrationswut der untergeordneten Abteilungen war fast nicht mehr bändigen, trotzdem konnte das das Informationsbedürfnis nicht immer befriedigt werden.

Verwaltung kostet dem Unternehmen Geld und bringt nur wenig messbaren und bewertbaren Nutzen. Daher wird in Zeiten der Ergebnis- und Liquiditätskrise sehr schnell die Administration untersucht, um Einsparpotenzial zu ermitteln und Kosten zu senken. Fehlerhaft ist in Krisenzeiten jedoch der unüberlegte Abbau von Administration. Häufig folgt zu späteren Zeiten ein Vielfaches an Aufwand.

Sparen an der falschen Stelle

In einem jungen Unternehmen einer Wachstumsbranche wurde teils aus Ersparnisgründen, teils aus Unwissenheit keine Personaldatenbank aufgebaut. Nachdem die Belegschaft auf über 400 Mitarbeiter angestiegen war und der Verkauf des Unternehmens anstand, konnten kurzfristig keine Daten über Kündigungsfristen, Schwerbehinderung etc. zusammengetragen werden. Stattdessen suchten die Personalsachbearbeiter alle Personalakten durch und übertrugen ihre Ergebnisse in eine Excel-Datei. Das ist falsch verstandene Sparsamkeit. Es bedarf keiner großen Phantasie, um sich vorzustellen, welche Mühe es macht, alle Unterlagen hervorzusuchen, wenn zum Beispiel die Lohnsteuerprüfung ins Haus kommt.

Nicht selten wird man einer aufgeblähten Administration und ineffizienter Abläufe erst gewahr, wenn die Krise bereits unübersehbar nach Einsparmöglichkeiten drängt. Manche Firmen sind hinsichtlich unterschiedlicher Anforderungen zertifiziert. Dies bringt auf jeden Fall einen erhöhten administrativen Aufwand mit sich. Andererseits besteht die Chance, durch die Beschäftigung mit den Dokumenten und den Abläufen ein optimiertes Vorgehen zu entwickeln und die Mitarbeiter in die Gestaltung und Optimierung ihrer Prozesse einzubeziehen.

Im Berufsalltag zeigt sich eine schlechte oder nicht wirklich umgesetzte Ablauforganisation dadurch, dass

▶ Vorgesetzte unzulässigerweise in die Funktionsbereiche von Mitarbeitern eingreifen („Polypengriff"),
▶ Kollegen bzw. gleichgeordnete Mitarbeiter teilweise an den gleichen Aufgaben arbeiten,
▶ Kollegen bzw. gleichgeordnete Mitarbeiter mit Arbeiten betraut sind, die die Arbeiten anderer unterlaufen, behindern oder sogar verunmöglichen.

Folgen von unvollständiger oder unzuverlässiger Ablauforganisation haben vielfältige und oft unterschätze Nachteile für die Firma und ihre Mitarbeiter. Arbeiten werden nicht effektiv erledigt, der Output steht in keinem entsprechenden Verhältnis zum Aufwand. Das Zusammenarbeiten der Mitarbeiter wird empfindlich gestört, Doppelarbeiten, unnötige Konkurrenzkonflikte entstehen, das Betriebsklima leidet und die Identifikation mit dem Unternehmen lässt nach.

In Krisenzeiten besteht zusätzlich die Neigung, sich wegen anderer Prioritäten noch weniger an die Abläufe zu halten und diese Änderungen auch nicht zu kommunizieren. Dies ist ein fataler Fehler. Damit verschärfen sich die oben erwähnten Nachteile, denn gerade in Umbruchzeiten sind Klarheit und Eindeutigkeit in der Kommunikation und in der Abstimmung der Aufgaben und Ziele unumgänglich.

4.3 Strategie als Krisenfaktor

Mit der Unternehmensstrategie sollen Werte, Wettbewerbsvorteile und Chancen des Unternehmens fortwährend überprüft und gegebenenfalls geändert werden. Die Strategie beantwortet die Fragen, in welchem Geschäftsfeld das Unternehmen tätig sein will und wie im Markt vorgegangen werden soll. Aus der Unternehmensstrategie können je nach Größe des Unternehmens auch Geschäftsfeld-Strategien abgeleitet werden. Strategien sind somit für die Zukunft von Unternehmen unabdingbar. Was läuft oft schief? Folgender Abschnitt bringt Ihnen unsere Beobachtungen zu Fehlern in Bezug auf Strategien näher.

Selbstgemachte Probleme

Werden durch falsche und unvollständige Strategieplanung die Erfolgspotenziale eines Unternehmens geschwächt, wird von einer Strategiekrise gesprochen. Es werden die wichtigsten erfolgsrelevanten Faktoren, wie beispielsweise die Produktpolitik, die marktspezifischen Aspekte, die Standortfrage, nicht ausreichend analysiert oder es fehlen die Handlungsalternativen, um erfolgreich sein zu können. Dies sind selbstge-

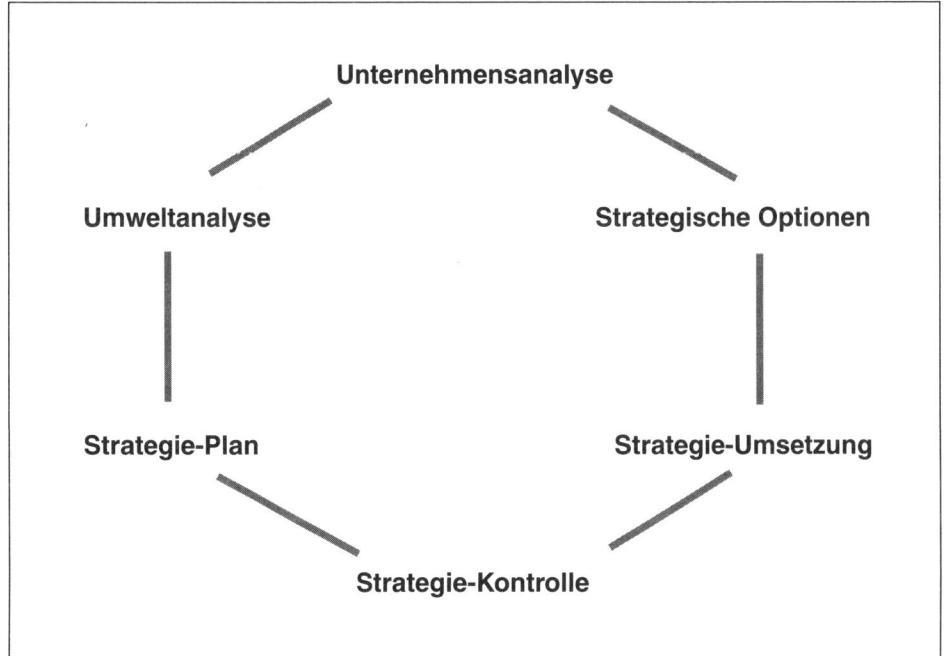

Abbildung 2: Elemente des Strategie-Prozesses

machte Probleme, die ihre Folgen in zusätzlichen Problemen wie zum Beispiel eine falsche Marketing- und Werbeplanung haben. Es treten weitere Schwierigkeiten bei Dienst- und Serviceleistungen auf, ferner kann falsches Know-how durch schlecht ausgesuchte Mitarbeiter die Krise im Unternehmen verstärken.

Zum Erarbeiten einer guten Unternehmensstrategie sind bestimmte Voraussetzungen nötig. Fehler können in allen Aspekten des Strategie-Prozesses auftreten.

Fehlende oder falsche Unternehmens- und Umweltanalyse

Zunächst müssen fundierte und aktuelle Kenntnisse über Produkte, über den Markt, die Kunden etc. vorliegen und als Grundlage für Entscheidungen dienen. Kommen zum Beispiel Sanierer in ein Unternehmen, verfügen sie meistens zu wenig über Branchenkenntnisse und Insider-Wissen, so dass die Gefahr besteht, dass eine Strategie ausschließlich nach finanziellen Gesichtspunkten erarbeitet wird. Häufig sind fundierte Marktanalysen über das Produkt und seine Kunden bekannt, verlässliche Informationen über die Wettbewerbssituation sind jedoch schwieriger zu erhalten und einzubinden.

Fehler beim Strategiefindungsprozess und bei der Wahl der Strategieoptionen

Um zu einer hochwertigen Strategie zu kommen, ist das professionelle Einsetzen von geeigneten Methoden wichtig. Häufig sind die Analysen nicht sorgfältig oder umfassend genug. Das vernetzte Denken fehlt. Nicht alle Verantwortlichen sind beteiligt worden, Einwände fallen unter den Tisch, Phantasie und Visionen werden abgewertet, weil sie nicht „vernünftig" erscheinen. Logiken werden zugunsten von persönlichen Präferenzen nicht beachtet, und Denkmöglichkeiten über Zeit und Raum hinweg fehlen. Ursache solcher Fehler ist die Ausblendung von Sachverhalten oder die falsche Deutung dieser Sachverhalte aufgrund verschiedener Motive.

Unternehmenskrise durch unvollständige Strategie

Die Unternehmensstrategie ist in vielen Firmen zu kurzfristig und enthält zu wenige Handlungsalternativen. Marktorientierte Zielgrößen werden nicht, zu wenig oder zu einseitig beachtet. Was nützt es einem Unternehmen, wenn die Umsatzziele vom Vertrieb erreicht wurden, die Akquisitionskosten jedoch ins Unendliche gestiegen sind und das Unternehmen in finanzielle Schwierigkeiten gerät.

Zugleich treten viele Veränderungen im Markt schnell und unerwartet auf, so dass weder unverzügliches Reagieren noch vorsorgliches Agieren möglich sind. Krisenszenarien fehlen in vielen Unternehmensstrategien. Damit stehen weder Instrumente, Aktionspläne noch mentale Verhaltensmuster zur Verfügung, um die erforderliche Kurskorrektur einzuleiten und durchzuführen.

Häufig werden unter Strategie nur die kurz- und mittelfristigen Ziele verstanden. Der Kern der Strategie, die Vorgehensweisen und die Alternativen beizeiten herauszuarbeiten und einzuleiten, bleibt leider häufig auf der Strecke. Sicherlich ist es nicht einfach, gerade in komplexen Organisationen Handlungsalternativen aufzuzeigen und die verschiedenen Auswirkungen und Ergebnisse abzuschätzen. Dennoch kann ein gut geführtes Unternehmen nicht darauf verzichten, zum Beispiel Reaktionsweisen auf unkontrollierbare Entwicklungen aufzuzeigen, die Rückkopplungen auf das eigenen Unternehmen zu beachten und entsprechend zu reagieren.

Strategieplan und Unsicherheit

Jede Planung enthält als ein in die Zukunft gerichtetes Konzept ein bestimmtes Maß an Unsicherheit. Einerseits beinhaltet der Plan die Zufallsvariablen, die mit relativer Gewissheit eintreten, andererseits sind Zufallsvariablen auch mehrdeutig, das heißt sie bergen ein Risiko, weil der ihr Eintreten nicht nur höchst ungewiss ist, sondern auch noch weitere Auswirkungen unbekannt sind. In einem solchen Fall werden die Zukunftsvariablen ausschließlich durch subjektive Bewertung gesteuert. Das kann sogar soweit führen, dass – weil der Ausgang so spekulativ ist – diese Variable völlig unberücksichtigt bleibt. Ein fataler Fehler, der spätestens bei den Strategiewahloptionen auffällt. Der Umgang mit den Variablen, deren Eintreten „nur" ungewiss ist, ist dagegen fast einfach.

Die Handhabung dieser Unsicherheiten geschieht meistens so, als gäbe es Gewissheit. Gleichzeitig muss das Management sehr wachsam sein, sensibel die weitere Entwicklung der Strategie- und Zielerreichung beobachten und schnellstmöglich gegensteuern, wenn es erforderlich ist. Leider passiert es viel zu häufig, dass die Unternehmensleitung die Zeichen der Zeit nicht wahrnimmt bzw. nicht entsprechend einschätzt. Folge ist, dass immense Risiken eingegangen werden, denen keine Sicherheiten gegenüberstehen.

Sind Ziele für alle verbindlich?

Tagtäglich lassen sich in den Firmen die Kämpfe um die verschiedenen Vorgehensweisen beobachten. Ein Außenstehender kann oft das unnötige und widersinnig erscheinende Verhalten nicht verstehen. Ursache sind die Ziele im Unternehmen. Selbst in den Fällen, in denen ein klar definiertes Zielsystem besteht, gibt es keine widerspruchsfreie operative Handlungsweise. Soll zum Beispiel die Qualität eines Produktes verbessert werden, wird dieses Ziel spätestens beim kostengünstigen Einkauf von Material und der kostensparenden Verarbeitung mit den Zielen des Einkaufs und den Zielen der Produktion zu Kollisionen führen. Es muss allen Führungskräften klar sein, dass es keine konsistenten Ziele in einem Unternehmen geben kann. Die Widersprüchlichkeit und die Vielzahl von Interpretationsmöglichkeiten erlauben kein vollkommen einheitliches Vorgehen. Immer sind Interpretationen des Einzelnen nötig, die das Ziel an sein Arbeitsgebiet anpassen. Dadurch entstehen Spielräume, die für die Planung und für das weitere Vorgehen entscheidend sind.

In einem großen Unternehmen wurde die Zielvereinbarung als neues Führungsinstrument eingeführt. Gleichzeitig sollte mit der Zielerreichung die Höhe des variablen Gehaltsanteils berechnet werden. Hochmotiviert und engagiert übernahmen die Führungskräfte ihre Aufgabe, Ziele mit allen Mitarbeitern zu vereinbaren. Die Ziele wurden auf jeden Geschäftsführungsbereich heruntergebrochen. Vernachlässigt wurde jedoch ein horizontaler Quercheck der Ziele. So konnte man darauf warten, wann die ersten vereinbarten Ziele so umgesetzt wurden, dass gegeneinander gearbeitet wurde. Der Einkauf kaufte billig ein, die Technik konnte die Materialien nicht verwenden, die Kundenaufträge wurden nicht bearbeitet usw. Für das Unternehmen war dies eine schlechte Entwicklung, die Mitarbeiter jedoch haben durch Übererfüllung ihrer vereinbarten Ziele auch noch finanzielle Entlohnung erhalten. Eine Abstimmung der Geschäftsführer unter der Leitung des Vorsitzenden wäre dringend nötig gewesen.

Fehler bei der Strategie-Umsetzung und der Strategie-Kontrolle

Ist die Strategie erarbeitet und verabschiedet, darf eine entsprechende interne Kommunikation nicht fehlen. Die Führungskräfte müssen ihre Ziele und ihre operative Arbeit daran ausrichten. Ebenso wenig darf eine entsprechende Information an die Belegschaft fehlen.

Ein Unsicherheitsfaktor ist jedoch nicht nur bei der Planung zu sehen, sondern auch ganz entscheidend bei Umsetzung und Kontrolle der Strategie. Nicht immer verläuft die Realisierung im Unternehmen und im Markt so, wie sie geplant war. Eine Fülle von unvorhersehbaren Einflüssen gerade auf der „menschlichen" Ebene spielen eine große Rolle. Neid, Konkurrenz, Aggression, Angst, Unsicherheit, Boykott – den Ursachen sind dabei keine Grenzen gesetzt. Auch hier liegt es am Geschick der oberen Führungsriege, sensibel diese Reaktionen wahrzunehmen und sie entsprechend umzulenken und zu steuern.

Manchmal werden verlässliche Daten und Frühwarnsysteme über die Finanzsituation des Unternehmens „vergessen". Auch werden Kontrollen über die Verfügbarkeit und den Einsatz der Ressourcen nicht regelmäßig durchgeführt, so dass eine entsprechende Steuerung unterbleibt.

Gelegentlich verwechselt ein Unternehmen Strategie mit Vision. Visionäre Bilder von einem am Markt erfolgreich operierenden Unternehmen lassen sich schnell vor dem geistigen Auge konstruieren. Die klare Definition von erreichbaren Zielen, die deutliche Kommunikation des Kundennutzens, die eindeutigen Investitionspläne, die effiziente interne Unternehmensorganisation und eine stetige Fokussierung auf die Kontrolle und die Nachsteuerung der Wege und Maßnahmen fehlen häufig oder sind unvollständig.

Strategie als Falle

Häufig werden die Folgen einer falschen Strategie, die eine vermeintliche Lösung beinhaltet, nicht oder nur unzureichend gesehen. So bevorzugte man zum Beispiel als schnelle Lösung in einem Konzern den Austausch von Geschäftsführern. Wenn eine mittelständische Tochtergesellschaft eines Konzerns mit 200 bis 400 Mitarbeitern in 5 Jahren 14 verschiedene Geschäftsführer zum Einsatz kommen, bringt das mehr Schaden für das Unternehmen als Nutzen, es sei denn, der Schaden war aus politischen Gründen beabsichtigt. Die Folgen für das Unternehmen waren jedenfalls verheerend, ständige Wechsel der Strategie, der Führungsinstrumente, der Unternehmenskultur.

All das zog nicht nur mangelnde Beständigkeit in der Führung, sondern auch immense Kosten durch Doppelarbeiten und angefangene bzw. nicht beendete Projekte nach sich. Aufgaben, die ein Geschäftsführer begann, wurden nicht zu Ende gebracht und schon kam der nächste Chef, der wieder mit neuen Ideen die Firma „beschäftigte". Ergebnis dieser völlig unprofessionellen Personal- und Unternehmenspolitik war Personalabbau der Belegschaft um über 60 %, der Verkauf des Unternehmens an Sanierer und der neuerliche Verkauf des Unternehmenstorsos.

Lebensphase des Unternehmens

In Unternehmen, die noch nicht lange bestehen und den Wechsel vom Start-up-Unternehmen zu einen „Routine-Unternehmen" zu bewältigen haben, kann es zu schwerwiegenden Krisen kommen, weil die Mitarbeiter „Pioniere" sind und ihr Engagement im Aufbau sehen. Sie sind stets mit Neuerungen beschäftigt, Projekte sind an der Tagesordnung und alles Neue ist interessant und verspricht spannendes Arbeiten sowie das Erringen von „Lorbeeren". Ständig „das Rad neu zu erfinden", ist jedoch keine

Meisterleistung einer Firma, wenn dafür Standardaufgaben wie Buchhaltung, Controlling etc. nicht bewältigt werden. Manche Firmen des Neuen Marktes haben darunter zu leiden oder zu leiden gehabt, weil die Lebensphase des Unternehmens nicht genügend beachtet wurde und somit falsche Führungskräfte und Mitarbeiter beschäftigt waren, die den Aufgaben falsche Priorität einräumten.

Machtrausch, Übernahmewahn und fehlendes Change-Management

Lebte in den 80er- und 90er-Jahren noch die Idee, dass kleine flexible Unternehmen besser am Markt bestehen können als die großen „Dinosaurier", so setzte sich später sehr schnell eine andere Idee in den Köpfen der verantwortlichen Manager durch: „Je größer, umso besser". Das zuvor verfolgte Motto der Konzentration auf die Kerngeschäfte war abrupt vergessen.

Ende der neunziger Jahre waren die häufigsten strategischen Ziele das Unternehmen profitabel zu führen und es gleichzeitig in der Branche, auf dem Markt oder in der Welt zu großem Wachstum zu bringen. Nicht selten wurde die Unternehmensleitung innerhalb der Firma durch den „permanenten Blick" auf mögliche Firmenzusammenschlüsse vernachlässig. Die Begehrlichkeiten wuchsen ins Unendliche. Fusionen wurden vorangetrieben, Firmenkäufe und sogar feindliche Übernahmen prägten den Wirtschaftsalltag.

„Futterneid" beeinflusst ganze Vorstandsetagen, wenn es darum geht, am Markt den Konkurrenten aus dem Feld zu schlagen. Ein kollektiver Größenwahn hatte die Manager erfasst, und wer nicht mitzog, galt als nicht geschäftstüchtig. Da wurden schon mal Unternehmen gekauft, nur um sie dem Konkurrenten vor der Nase wegzuschnappen. Bei genauerem Hinsehen waren jedoch nicht betriebswirtschaftliche Faktoren die Grundlage dieser Entscheidung, allein der psychologische Einfluss von Motiv und Macht spielte dabei die entscheidende Rolle.

Die schnellen Veränderungen, der Verlust der Unternehmensidentität und der Globalisierungswahn können von den Belegschaft oft nicht mehr in der geforderten Geschwindigkeit nachvollzogen werden. Das Nachlassen des Engagements und der Identifikation mit dem Unternehmen sind die Folge und wird heftig von den Arbeitgebern beklagt. Nicht selten werden die Firmenzukäufe nicht einmal integriert, sondern in kurzer Zeit wieder abgestoßen. Dass dem Management mit dem häufigen Wechsel seiner Ideologien nicht mehr geglaubt wird, ist seiner eigenen Rückgratlosigkeit und seinem rastlosen „Rein-in-die-Kartoffeln-raus-aus-den-Kartoffeln" zuzuschreiben.

Zu schnell sind Unternehmensleitungen dem Reiz des vermeintlich unbegrenzten Wachstums erlegen und haben, ohne die Risiken zu beachten, unüberlegt ganze Firmen und Konzerne in den Ruin getrieben.

Unternehmenskrise durch inadäquates Marktverhalten

Auch die gegenteiligen Fehler sind zu beobachten. Viele traditionsbewusste Unternehmen treten auf den Märkten eher reaktiv und passiv auf. Aktive Marktgestaltung unterbleibt zugunsten von Sicherheitsdenken und Begrenzung der Akquisitionskosten. Marktanteile werden nicht als täglich zu erarbeitende Größen angesehen, sondern stellen häufig Erfolge dar, auf denen man sich gerne ausruht.

Eine andere Form des Fehlverhaltens sind die vielfältigen Aktionen, mit denen zum Beispiel Unternehmen des Neuen Marktes auftreten. Ohne die anfallenden Kosten oder Risiken zu beachten, werden Aktivitäten gestartet, die letztendlich in krassem Missverhältnis zum Ertrag stehen. Beispielhaft sei die UMTS-Begeisterung zu nennen, mit der enorme Investitionen getätigt wurden, ohne dass man die Risiken ausreichend beachtete.

Gerade in Zeiten, in denen ein Unternehmen bereits in die Ertrags- oder Liquiditätskrise gekommen ist, wird gern auch am Kundenservice gespart. Beschwerdemanagement und Reklamationen sind ein Kostenfaktor, an dem in Krisenzeiten sehr oft gespart wird. Alle Beteuerungen, der Kunde stehe für das Unternehmen im Mittelpunkt, wird somit zur Farce. In Krisenzeiten kann die Ernsthaftigkeit einer Firma hinsichtlich der Kundenorientierung erkannt werden. Aus Befragungen ist bekannt, dass bis zu 90 % der Kunden, die einen Mangel erlebt haben, nicht mehr mit dieser Firma zusammenarbeiten bzw. deren Produkte kaufen wollen.

Gleichzeitig zerren die Beschwerden von Kunden und Geschäftspartnern an den ohnehin so strapazierten Nerven der Manager. Legen doch die Kunden noch einmal zusätzlich den Finger in die Wunde, indem sie auf die Missstände bei Produkten, Service oder Management hinweisen. Eine Beschwerde in einem gutgehenden Unternehmen zu akzeptieren, ist um ein Vielfaches leichter, als eine Reklamation in dem Bewusstsein anzunehmen, dass das Unternehmen ganz andere und größere Sorgen hat. Um die Unannehmlichkeiten wegzuschieben oder zu vermeiden, werden gerade in Krisenzeiten gern Customer-Care-Aktivitäten eingeschränkt oder eingestellt, was jedoch sehr kritisch und sorgfältig betrachtet werden muss.

Nur sehr selten wird in diesem Zusammenhang davon gesprochen, dass es ebenso die Manager sein können, die in Zeiten der Krise und des Zweifelns den Glauben an die Leistungsfähigkeit des Unternehmens oder an die Bedeutsamkeit der Produkte und Dienstleistungen verlieren. Wenn die Motivation der Führungscrew verschwunden ist, ist es sehr schwer – wenn nicht gar unmöglich, das Schiff aus seichtem Gewässer zurück auf die Hochsee zu bringen.

Unternehmenskrise durch unausgewogene Finanzplanung

Nicht nur kleine Firmen, sondern auch große Unternehmen geraten durch ihre oft geringen Eigenmittel schnell in wirtschaftliche Krisen. Umsatzeinbußen von nur 1 bis 2 % können bei solchen Firmen schnell zu massiven finanziellen Problemen führen. Häufig sind auch Führungs- und Controllinginstrumente nicht vorhanden bzw. werden nicht sachgemäß eingesetzt. Transparente Budgetplanung und -kontrolle sind Voraussetzungen, ohne die ein ordnungsgemäßes Finanzwesen nicht auskommt. Es ist ebenfalls nicht selten, dass eine professionelle Kostenrechnung fehlt, so dass eine klare Identifizierung von verursachenden Kostentreibern nicht möglich ist. Unter solchen Voraussetzungen ist die Steuerung eines Unternehmens mehr ein Abenteuer denn eine betriebswirtschaftliche Leistung. Wenn die betreffenden Mitarbeiter ihr eigenes Unternehmen als „Übungsfirma" oder „Jugend forscht" bezeichnen, treffen sie den Kern des Problems und das Management sollte sich ernste Gedanken über die Unternehmensführung machen.

Verschärfung der Unternehmenskrise durch erste Krisenbewältigungsmaßnahmen

So paradox es erscheint, aber dass eine Krise durch ihre ersten Bewältigungsmaßnahmen sogar noch verschärft wird, ist nicht selten anzutreffen. Als bestes Beispiel ist der Abbau von Kapazitäten zu nennen. Mit der Reduzierung von Kapazitäten verringert das Unternehmen sein eigenes Potenzial und seinen Aktionsradius. In den meisten Fällen wird mit dem Personalabbau begonnen. Die Personalkosten werden mit der Zeitverzögerung der Kündigungsfrist gesenkt. Teilweise müssen die Arbeiten von der in der Firma verbliebenen Belegschaft mit übernommen werden. Das kann zu erheblichen Belastungen der Mitarbeiter, zu Engpässen bei der Produktion sowie zu schlechterem Service und zu mangelhafter Qualität von Erzeugnissen und Dienstleistungen führen. Es kann sogar sein, dass Unternehmen sich des Spielraumes für eine dringen notwendige Steigerung der Auftragseingänge berauben.

Die Geschäftsleitung eines Unternehmens muss sich einerseits bewusst sein, dass die Strategie der neuen Personaldecke angepasst werden muss. Andererseits ist es auch notwendig, alle Folgen, die durch den Schrumpfungsprozess entstanden sind oder noch entstehen, abzuschätzen, um mit geeigneten Maßnahmen gegenzusteuern.

Häufige Planungs- und Denkfehler bei Schrumpfungsprozessen sind:

▶ Der Kapazitätenabbau wird als Allheilmittel für die entstandenen Probleme angesehen.
▶ Die Auswirkungen durch die Schrumpfung werden nicht gesehen oder entsprechend berücksichtigt.

▷ Der Strategie- und Businessplan sowie die Ziele werden trotz der Schrumpfung nicht angepasst.
▷ Der Prozess des Kapazitätenabbaus wird nicht professionell geplant, durchgeführt und begleitet.
▷ Über alle Maßnahmen und Aktionen wird nur unzureichend kommuniziert.

Falsche Strategie zieht falsche Personalpolitik nach sich

Ist die Strategie einschließlich der Ressourcenplanung fehlerhaft, dann wird auch die Personalpolitik darunter leiden. Wenn die Personalpolitik von Statusdenken und Machtansprüchen geprägt ist, besteht die Gefahr, dass nicht nach sachlichen Gesichtspunkten vorgegangen wird, sondern die persönlichen Vorteile entscheiden. Ein daraus entstehender aufgeblähter Stellenplan kann infolge des großen Blocks der Personalkosten erheblich zu einer Verschlechterung der finanziellen Situation des Unternehmens beitragen. Auch die Über- oder Fehlqualifizierung der Belegschaft durch falsche Strategie führt zu erhöhten Weiterbildungskosten und unnötigen Fehlzeiten.

Machtkampf in der Führungsriege

Mit der Strategie werden die Stellenpläne für die Folgejahre festgelegt. Das Herunterschrauben von bereits geplanten Stellen wird sicherlich bei vielen Führungskräften auf Widerstand stoßen, sofern ihre eigenen Abteilungen betroffen sind. Noch immer ist die Tatsache, dass einem viele Mitarbeiter unterstehen, für die meisten Chefs eine wichtige Prestigefrage. Dennoch darf hier das Management nicht „einknicken", Stellenpläne nicht beibehalten und die Zielstrebigkeit der Krisenbewältigung auch in diesen Fragen nicht aufgeben.

Kennzeichnend für falsche Personalpolitik in Krisenzeiten ist, dass dringend geforderte Maßnahmen wie zum Beispiel das Einfrieren der Gehaltsentwicklung von manchen Führungskräften unterlaufen werden. Schädlich für das Unternehmen ist dabei nicht nur, dass die dringend einzusparenden Kosten dennoch zu Buche schlagen, sondern auch die Inkonsequenz in der Führungsriege, die in der Belegschaft sehr genau beobachtet wird. Die Folge der Inkonsequenz ist nachlassende Glaubwürdigkeit des Managements, was gerade in Krisenzeiten eine fatale Entwicklung darstellt.

Strategie-Erfolgskontrolle

Die Strategie-Erfolgskontrolle setzt sich meist aus der Kontrolle der Prämissen, unter denen die Strategie erarbeitet und die Optionen gewählt wurden, sowie aus der Kontrolle der Durchführung zusammen. Bei der Durchführungskontrolle sind maßgeblich die Führungskräfte dafür verantwortlich ein regelmäßiges und formalisiertes Reporting zu leisten. Bei starken Veränderungen in der Strategie und bei erheblichen Richtungsänderungen im Rahmen des Krisenmanagements empfiehlt es sich, stichprobenartig Querkontrollen einzuführen, um geschönte Berichte an die nächsthöhere Ebene zu vermeiden. Bei den Prämissenkontrollen ist ebenfalls wichtig, die eingefahrenen Denk- und Handlungsmuster kritisch zu reflektieren, um „blinde Flecken" oder „Betriebsblindheit" zu vermeiden, damit Fehlentwicklungen in der Strategie schnellstmöglich entdeckt werden.

5. Krisenbewältigungspotenziale in Unternehmen

Aus der Vielzahl der Stellschrauben, die zur Entstehung einer Krise beitragen oder die zur Bewältigung von Krisen relevant sind und genutzt werden müssen, ergibt sich das Krisenbewältigungspotenzial eines Unternehmens. Es setzt sich zusammen aus:

- der Fähigkeit, externe Einflussgrößen für die Krisenentstehung zu erkennen;
- der Fähigkeit, die internen Reaktionen auf die externen Einflussgrößen zu kennen und zu steuern;
- der Fähigkeit, die internen formalen und informellen Strukturen und Instrumente effizient den krisenrelevanten externen Anforderungen anzupassen;
- der Fähigkeit, die internen formalen und informellen Abläufe und Prozesse auf die krisenrelevanten externen Anforderungen hin anzupassen;
- der Fähigkeit, die Unternehmenskultur so zu verändern und zu gestalten, dass auch die Mitarbeiter eingebunden sind, mit ihren Werten, Normen, ihrem Verhalten und ihren Handlungen die Krise effektiv anzugehen.

Diese Aufzählung macht deutlich, dass es größtenteils in den Händen des Managements liegt, ob und wie eine Krise bewältigt wird. Dort liegen die größten Einflussmöglichkeiten. Doch nur, wenn alle im Unternehmen, auch Betriebs- oder Personalrat, eingebunden sind, lassen sich schnellstmöglich effektive Bewältigungsaktionen umsetzen.

Die einzelnen oben genannten Fähigkeiten bilden zusammen ein komplexes Geschehen, das zu einer ganzheitlichen Problemlösung führt. Der Begriff der Ganzheitlichkeit scheint zunächst recht vage und beschreibt aber in der Regel Aspekte, die aus den Modellen des systemischen Denkens entstammen. Mit dem bewussten Einsatz des systemischen Denkens können die Nachteile des linearen und einseitigen Problemlösens vermieden werden.

Die Beachtung nicht nur von einzelnen Kriterien in einem linearen Denkprozess, sondern die Berücksichtigung von mehreren Kriterien, die gleichzeitig miteinander verknüpft sind, erbringen durchdachte und langfristig haltbarere Ergebnisse. Um diese Ganzheit zu erfassen, ist es nötig, die folgenden Aspekte zu beachten:

- Wahrnehmung reflektieren,
- System, Subsystem oder Organisation unterscheiden,
- Spielregeln und Komplexität erfassen,
- eigene Handlung organisieren und regulieren,
- Problemlösungen durchführen und überprüfen.

Die Bewältigung einer Unternehmenskrise geschieht nicht nach einem Plan, der die richtige Methodik beschreibt und dann ein Programm ablaufen lässt. Vielmehr umfasst sie Beobachtung und Reflexion des Einsatzes verschiedener Methoden und Vorgehensweisen. Eine sorgfältige und auch schonungslose Überprüfung der eigenen Denkschritte erlaubt es, fundierte Lösungen zu finden und gleichzeitig die Folgen im Auge zu behalten. Da ein Unternehmen ein soziales Gebilde ist, müssen in der Krisenbewältigung die Reaktionen der Führungskräfte und Mitarbeiter ebenso beachtet werden. Der Krisenbewältigungsprozess ist ein komplexes Zusammenspiel in einer Organisation mit ihren Hierarchien und Machtspielen und den gleichzeitig individuellen Fähigkeiten des Einzelnen mit diesem Geschehen umzugehen.

Will man bewusst und gezielt das Krisenbewältigungspotenzial eines Unternehmens oder einer Organisation optimieren, kann dies nur über den Weg der Verbesserung des Problemlösedenkens und -handelns des Einzelnen geschehen. Da jedoch die Lösung komplexer Probleme nicht allein in den Händen einer einzelnen Führungskraft liegt, sondern in einer Organisation von vielen gemeinsam getragen wird und auch werden sollte, ist die Führung der Führung gefragt. Hierbei kommt dem Top-Management eine entscheidende Rolle zu. Es muss die Steuerung der Führungskräfte übernehmen, die gerade in schwierigen Zeiten nicht selten zu besonders massiven Mitteln des Machterhalts greifen, um ihren eigenen Einflussradius nicht einschränken zu müssen.

Da bilden sich Koalitionen und gegen Änderungen äußerst resistente Seilschaften heraus. Führungskräfte, die nicht dem Kerngeschäft zugerechnet werden, werden an den Rand gedrückt und nicht selten auch entsprechend gemobbt.

Leider ist die geforderte Flexibilität des Top-Managements, den Fokus ihrer Aufmerksamkeit nun auf die Widerstände in den eigenen Reihen zu lenken, nicht immer gegeben. Nur zu gerne beschäftigen sich die Geschäftsführer weiterhin mit dem Tagesgeschäft. Da bespricht mal eben der Vorsitzende eine Sonderprämie für einen Vertriebsmitarbeiter, da wird die Versetzung von Mitarbeitern beschlossen, ohne dass die rechtlichen Regularien wie Stellenausschreibung etc. beachtet wurden, und Problemlösevorschläge, die vielleicht aus der Belegschaft kommen, werden nicht an die entsprechende verantwortliche Stelle delegiert, sondern abgewürgt.

Gerade in der oberen Führungsebene kommt nicht nur der sachlichen Bewältigung der Krise eine große Rolle zu. Es ist vielmehr besonders wichtig, den Prozess der Krise und der Problemlösung in seinen „menschlichen" Dimensionen, also auch mit all den Widerständen und Interessenskonflikten, zu begreifen und zu steuern. Im nächsten Kapitel werden wir die Rolle der Führungskraft in diesem Zusammenhang näher erläutern.

6. Beitrag der Führungskraft zur Krise bzw. Krisenbewältigung

Wie wir festgestellt haben, ist die Einstellung der Führungskraft von entscheidender Bedeutung für die Art und Weise, wie das „Ruder herumgerissen" werden kann, wie der Turnaround gemanagt wird. Soll sich das Vorgehen in Krisenzeiten ändern, muss sich das individuelle Denken und Verhalten einer jeden Führungskraft ebenfalls ändern. Unzählige Management-Methoden bringen keine hilfreichen Lösungen, wenn nicht die individuellen Filter, die den Einsatz und die Handhabung solcher Methoden beeinflussen, bewusst sind. Im folgenden Abschnitt widmen wir uns den Besonderheiten, die auf eine Führungskraft in Krisensituationen einwirken.

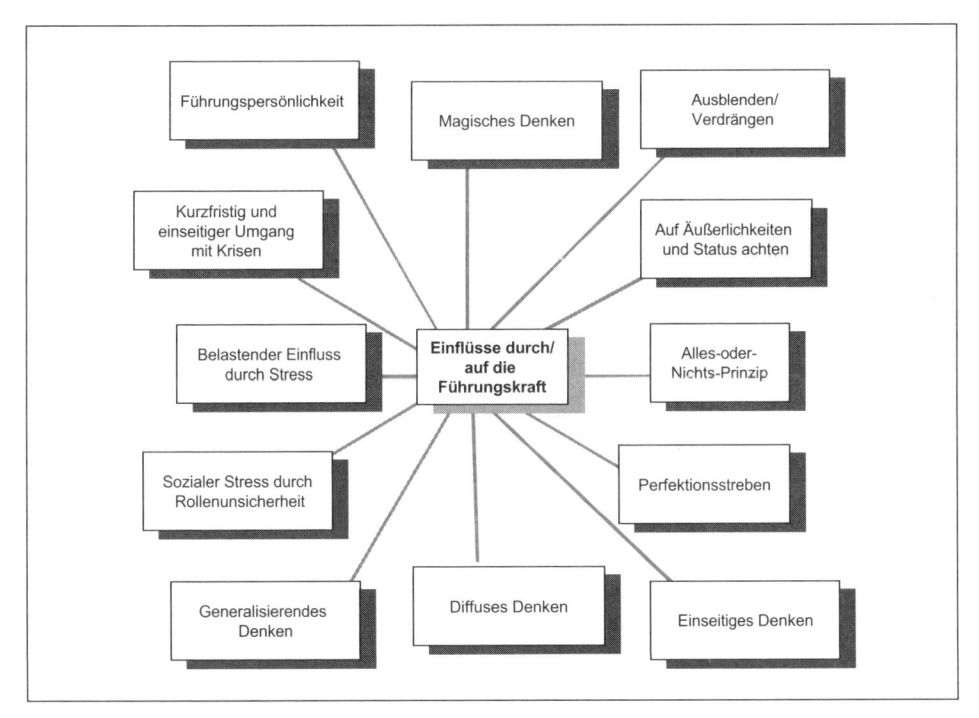

Abbildung 3: Einflüsse durch und auf die Führungskraft

Führungspersönlichkeit – Voraussetzung oder Behinderung?

Unzählige Veröffentlichungen, Hunderte von Seminaren und ein großes Arsenal von Tests, Workshops oder Assessmentcentern beschäftigen sich mit der „idealen Führungspersönlichkeit". Anforderungsprofile werden erstellt, Auswahlverfahren entwickelt, und ein ganzes Heer von Trainern und Beratern ist mit der Ausbildung bzw. mit der Suche nach der richtigen Führungskraft beschäftigt.

Für keinen anderen Beruf werden Rekrutierung, Aus- und Weiterbildung und die theoretische Beschäftigung mit den erforderlichen Fähigkeiten so betrieben wie für die Führungskraft. Bei all diesem Aufwand sollte man vermuten, dass sich die Ergebnisse in der Qualität der Führung von Unternehmen und Mitarbeitern niederschlagen. Der Berufsalltag zeigt die bittere Realität, in der es gute Führungskräfte nur selten gibt.

Längst sollte sich herumgesprochen haben, dass der Manager, der dem Ideal-Profil entspricht, nicht existiert. Auch die Führungskräfte, die dem Anforderungsprofil mehrheitlich entsprechen, sind kein Garant für Erfolg. Zu groß sind die Einflussgrößen, die den Erfolg einer Führungskraft definieren. Dies sind:

- der Vorgesetzte der Führungskraft
- die Kollegen der Führungskraft
- die Mitarbeiter der Führungskraft
- die Situation und die Rahmenbedingungen
- die Führungskraft selbst

Die Suche nach der „Persönlichkeit" ist zudem ein „zweischneidiges Schwert". Eine feste Persönlichkeit zu sein, bedeutet in der Regel, eine hohe Überzeugung von sich selbst und seinen Einstellungen zu haben. Besonders in Krisenzeiten kann dies jedoch die Achillesferse einer „gestandenen Persönlichkeit" sein. Die Überzeugung, den Weg zu wissen, kann dazu führen, dass sie sich selber nicht mehr im geringsten in Frage stellt.

Im komplexen Gefüge zwischen Situation, Interaktion und Persönlichkeit kann ein Manager nur gut sein, wenn sein Denken, seine Handlungen, sein Verhalten und seine zugrundeliegende Haltung flexibel und dennoch stringent auf die jeweilige Anforderung ausgerichtet sind. Um das zu erreichen, ist ein wichtiger Schritt in der Selbstreflexion nötig. Wer sich selbst gut führen will, muss sich selbst zunächst kennen.

Peter Zürn beschreibt in seinem Buch „Ethik im Management" den Prozess der Selbsterkenntnis als wichtigste Grundlage, Führung nicht als Technik oder Werkzeug zu benutzen, sondern sich selbst als Person einzubringen. „Wer lernen will, andere zu leiten und zu begleiten in Führung und Zusammenarbeit, der muss zuvor gelernt haben, sich selbst zu kennen. Menschenkenntnis beginnt mit Selbsterkenntnis, Selbsterkenntnis wurde deshalb auch schon als einzige ‚conditio sine qua non' jeder rechten Führungsaufgabe beschrieben."

Es ist kein einfacher Weg, sich seiner eigenen oft unbewussten Werte, seiner Denkgewohnheiten und seiner psychologischen Tricks und auch Fallen bewusst zu werden. Selbsterkenntnis ist nicht einfach ein Projekt, das mal eben schnell erledigt werden kann. Es ist ein Weg, der in Abzweigungen und in Abgründe führt, ein Weg, für den nicht vorherzusagen ist, wo er enden wird, und es ist ein Prozess, der einen selbst verändert. Man ist Subjekt und gleichzeitig Objekt. Man verändert sich selbst und wird durch diesen Prozess selbst verändert.

Dies ist vielen Führungskräften suspekt. Etwas, das nicht mit den Paradigmen des eigenen Weltbildes übereinstimmt: Schwächen wahrnehmen und als solche ansehen und vielleicht sogar noch würdigen; Probleme nicht als so genannte Chancen redefinieren und sich der Unausweichlichkeit eines Problems stellen.

Der Personalvorstand eines großen Unternehmens erklärt, dass er kurzfristig auf Dienstreise gehe, denn seine Frau sei erkrankt. Und was solle er am Krankenbett, er könne ihr ja doch nicht helfen. Dass Manager mit den dunklen Seiten ihres eigenen Seelenlebens nicht besonders gut umgehen, ist einerseits teilweise Ergebnis von nie gelernten Fähigkeiten, aber auch der Tribut, der das Karriereleben fordert. Wer jahrzehntelang nie Selbstreflexion betrieben hat, wird sich sehr schwer tun, sich selbst als einen spannenden Planeten, auf dem es viel Interessantes und Bestaunenswertes zu betrachten gibt, zu begreifen.

Wissenschaftliche Untersuchungen und Befragungen von Unternehmensberatungen bringen es an den Tag. Ein großer Teil der Führungskräfte zeigt neurotische Symptome. Damit ist gemeint, dass Gefühle nicht in angemessener Weise wahrgenommen und bearbeitet werden. Gefühle werden unterdrückt und zeigen sich in bizarren anderen Formen wie fixen Ideen, diffusen Ängsten, unkontrollierten Affekten und Perversionen. Gefühle können ebenso in unangemessener Weise und übersteigert verarbeitet und ausgedrückt werden, um zum Beispiel das soziale Umfeld zu manipulieren. In der psychischen Verarbeitung von Erlebnissen, Gedanken und Schlussfolgerungen kommt es dann zu den typischen Symptomen wie Phobien, Depressionen, Sucht, Hysterie, Gefühlsstau (Alexithymie), psychosomatischen Krankheiten bis zu soziopathischen Störungen und psychotischen Erkrankungen.

Wichtig ist an dieser Stelle, Folgendes zu verdeutlichen: Es geht nicht darum, möglichst viele und tiefe Schwachstellen eines Menschen aufzudecken. Es geht vielmehr darum, die psychischen Prozesse zu „begradigen", es soll die Erfüllung nicht über ungesunde Umwege, das sind nun einmal die Neurosen, sondern in gesunder Weise erreicht werden.

Im Rahmen des systemischen Denkens erfüllen psychische Störungen und Erkrankungen einen so genannten guten Zweck für das Individuum. Das Rauchen ist zwar gesundheitsschädlich, aber es ermöglicht schnell und unkompliziert soziale Kontakte, bzw. es drückt ein bestimmtes Weltbild aus. Alkoholsucht ist eine Krankheit, aber sie „verhindert" durch die Betäubung vielleicht das Erleben einer konkreten Konfliktsituation, für die die Person zur Zeit keine Lösung hat.

In professionellen Beratungen und Therapien werden neue Wege entwickelt, so dass das selbstschädigende Verhalten unterbleiben kann, die Blockaden durch dysfunktionale Denkweisen ausgelöscht werden und der Mensch letztendlich an Lebensqualität gewinnt.

All den oben erwähnten Störungen und Erkrankungen ist gemeinsam, dass sie einen entscheidenden Einfluss auf die Wahrnehmung und auf die kognitiven Prozesse haben. Damit wird deutlich, dass die innere Verarbeitung von Informationen und das Denken bzw. das Problemlösen von diesen Vorerfahrungen beeinflusst werden. Eine fatale Auswirkung für Manager und Führungskräfte, die mit ihrem Vorgehen und ihren beruflichen Entscheidungen auch in das Leben der Mitarbeiter eingreifen.

Kurzfristig und einseitiger Umgang mit Krisen

Nicht selten werden Lösungen gesucht, die aus der Überbetonung der eigenen Person hervorgehen, jedoch die Sachlage zu wenig berücksichtigen. Beispielsweise bieten häufig Techniker nur technische Lösungen an. Technisch überzüchtete Produkte, die zum Teil über Features verfügen, die kein Kunde haben will, jedoch dem Selbstverständnis eines technisch begeisterten Menschen entsprechen. In solchen Situationen werden schnell einseitige Lösungen gewählt. Lösungsalternativen kommen häufig gar nicht erst in Betracht. Ferner kann diese Einseitigkeit dazu führen, dass die falschen Entscheider benannt und ein kurzfristiges Vorgehen geplant wird. Dadurch werden dann ebenfalls nur einseitig die Rahmenbedingungen berücksichtigt und ebenso einseitig die entsprechenden Konsequenzen berücksichtigt.

Alle weiteren Vorgehensweisen, wie zum Beispiel das Abwägen der Konsequenzen, das Bestimmen der Auftretenswahrscheinlichkeiten, die Auswahl aus den Alternativen und die Entscheidung sowie die Planung von Aktivitäten und Handlungen, werden unter der vorangegangenen Annahme getroffen. Auch die Kontrollen, die Bewertung von Folgen und eventuelle Richtungsänderungen unterliegen der oben erwähnten eingeschlagenen Denkweise.

Belastender Einfluss durch Stress

Bei vielen Untersuchungen über die Arbeitsbelastung von Managern werden ein immenses Arbeitspensum und eine hoher Arbeitsanspruch festgestellt. In sehr kurzer Zeit müssen komplexe Themenbereiche erfasst und Entscheidungen getroffen werden.

Sozialer Stress durch Rollenunsicherheit

Zusätzlich kommen verstärkend soziale Faktoren hinzu. Erfolgsdruck oder Ansehen beim Vorstand verschärfen die Arbeitsbelastung. Die Rolle, die von einer Führungskraft erwartet wird, ist häufig nicht klar definiert. Manchmal ist sie sich selbst ihrer Rolle nicht sicher. Vorstände gehen hinsichtlich der Rolle ebenfalls wechselhaft um. Die Mitarbeiter können gleichsam nicht klar einordnen, welche Aufgaben und Funktionen ihr Vorgesetzter erfüllen muss. Gerade in Unternehmen, die Organisationsänderungen, Umstrukturierungen oder Fusionen hinter sich haben, besteht diese Gefahr immer wieder. Die Unklarheit bei allen Beteiligten führt zu Missverständnissen, Konflikten und Ärger.

Nicht selten werden in Unternehmen die Zuständigkeiten relativ wahllos verändert, so dass es häufiger vorkommt, dass die Arbeitsbereiche überlappen, mehrere an ein und demselben Thema arbeiten und sich in Konkurrenz zueinander befinden. Die Mitarbeiter beginnen Machtkämpfe. Manchmal vermuten sie gewollte Konkurrenzsituationen, da es in manchen Unternehmen üblich ist, den „internen Wettbewerb" zu nutzen, um heimlich ein „Assessment-Center" im Alltag durchzuführen. Dies ist sicherlich kein nachahmenswertes Vorgehen und zeugt von einer dubiosen Unternehmenskultur.

Bei Fusionen oder Übernahmen ist der soziale Verhaltensrahmen nicht klar definiert bzw. im Übergang. Die neuen Geschäftsführer bringen neue und andere Werte mit, die in der ersten Zeit noch nicht bekannt sind und für manche Führungskräfte einen großen Unsicherheitsfaktor darstellen. Gleichzeitig treten mit diesen Veränderungen Spannungen der sozialen Arbeitsumgebung und der zwischenmenschlichen Beziehungen auf, die bis zur Isolation führen können.

Im Rahmen von Restrukturierungen und Rationalisierungen kommen zu den unklaren Aufgaben meist weitere Personalengpässe hinzu, die zu enormen Belastungen bezüglich des Arbeitspensums, der Arbeitsorganisation und der Aufgabenverteilung führen. Die Stressoren nehmen zu. Die physiologischen Reaktionen eines Menschen auf die vielfältigen Stressauslöser sind ein „Alarm", das heißt eine Aktivierung, die Abwehr und Schutz bewirken sollen. Es kommen physiologische Abläufe in Gang, die den Körper auf „Kampf" oder „Flucht" vorbereiten. Im Einzelnen sind dies Veränderungen des Blutdrucks, Magenbeschwerden, Reizdarm, Muskelverspannungen, Herzrhythmusstörungen, Schlafstörungen, Infektanfälligkeit und andere Symptome.

Bei länger anhaltender Dauer dieses Zustandes kommt es zur Resistenz, das heißt zum Aufbau eines neuen Gleichgewichtes, das auf dem Abwehrniveau liegt. Nach einiger Zeit führt die Erschöpfung in das Burn-out-Syndrom. Symptome des Stresszustandes führen wiederum zu einer Veränderung in der Leistungsfähigkeit eines Menschen. Manche Impulse werden schnell zu ängstigenden Auslösern, es treten vermehrt Herzklopfen, Blutdrucksteigerung und Konzentrationsschwäche auf. Das Denken verändert sich stark, indem es durch „den Tunnelblick" eingeschränkt wird.

Generalisierendes Denken

Beim generalisierenden Denken werden schnell Verallgemeinerungen getroffen. Besonders in der Beurteilung von Mitarbeitern wird vorschnell aus der Wahrnehmung eines einmal gezeigten Verhaltens unzulässigerweise auf die gesamte Persönlichkeit geschlossen. Auch kann es vorkommen, dass zum Beispiel aufgrund eines Fehlers eines Mitarbeiters auf die Fehlerhaftigkeit der kompletten Abteilung geschlossen wird. Wer hat es noch nicht erlebt, dass Missstände auf „die Mitarbeiter in der Technik" oder „die in der Buchhaltung" geschoben werden?

Diffuses Denken

Diffuses Denken zeigt sich in Sprunghaftigkeit von Ideen und Gedankenfetzen. Auch sind die Zusammenhänge nicht stringent und zum Teil irrelevant. Es werden schnell Kausalzusammenhänge hergestellt, die logischerweise nicht vorhanden sind. Es werden Dinge, Themen und Sachverhalte in Einzelkomponenten auseinanderdividiert und unlogisch verknüpft. Danach werden diese Zusammenhänge häufig wieder fallen gelassen, ohne dass es zu konstruktiven Gedankengängen kommt.

Einseitiges Denken

Wenn das Problemlösen nur in bestimmten, bekannten Themenbereichen stattfindet, wird von einseitigem Denken gesprochen. Alternativen werden nicht gesehen oder nicht als sinnvoll bewertet. Auch ist ein Perspektivenwechsel, aus dem ein Sachverhalt gesehen werden kann, kaum möglich.

Perfektionsstreben

Beim Perfektionsstreben wird zwanghaft versucht, durch zwingende Einhaltung von bestimmten Aspekten Unsicherheiten und Ängste in Schach zu halten. Gelegentlich geht dieses Verhalten auch einher mit einer übermäßigen Verantwortungsübernahme und Kontrollzwang. Die eigene Einstellung zu Krisen zeigt sich dabei, indem die Angst zu versagen überwiegt und die Aufgaben als nicht zu bewältigende Herausforderung angesehen werden.

Alles-oder-Nichts-Prinzip

Die verfügbaren Informationen oder Daten werden nach dem Schwarz-Weiß-Denken eingeordnet. Zwischenstufen, Grauzonen oder Alternativen sind in einer solchen Situation nicht „denkbar". Radikale und überzogene Entscheidungen oder Handlungen sind die Folge.

Magisches Denken

Aufgrund von früheren Erlebnissen werden Zusammenhänge hergestellt, die in der Realität keine Verbindung haben. Diese Zusammenhänge können sich im Denken, in den Gefühlen und in zwanghaftem Verhalten äußern. Assoziationen schießen ins Bewusstsein, sie sind begleitet von Gefühlsäußerungen wie beispielsweise Angst und lassen sich manchmal nur mit Hilfe von zwanghaften Handlungen eindämmen. Auch Aberglaube kann in diesem Sinne zum magischen Denken gezählt werden. Im Berufsalltag kann sich magisches Denken zum Beispiel zeigen, wenn nach guten Erfolgen mit schrecklichen Entwicklungen gerechnet wird, weil erfahrungsgemäß die vermeintliche Magie positive Situationen nicht lange zulässt und Opfer und Entbehrung fordert.

Ausblenden/Verdrängen

Beim Ausblenden werden Sachverhalte, Themen, Zusammenhänge, Risiken wie auch Gefühle, Körperwahrnehmungen oder eigene Grenzen nicht wahrgenommen. Daraus können psychosomatische Erkrankungen entstehen, weil die Überlastung nicht erkannt und nicht behoben wird, so dass Krankheiten entstehen. Im Umgang mit anderen Menschen zeigt sich diese Denkstörung in der Verarmung von Interaktion sowie einseitiger und nachlassender Kommunikation.

Fixierung auf Äußerlichkeiten und Status

Bestehen bei einem Menschen Zweifel, Angst und Unsicherheit, wird mit dem starken Beachten und Überbetonen von Äußerlichkeiten und Statussymbolen das angekratzte Selbstwertgefühl gestützt.

Da besonders in Krisenzeiten der Stress erheblichen Druck auf die Manager ausübt, wird deutlich, dass gerade in solchen angespannten und fordernden Situationen die Fehler durch Denkfallen schnell zunehmen. Nur durch bewusste Selbstreflexion und Coaching lassen sich Blockaden und blinde Flecken aufdecken und die kognitiven Leistungen verbessern.

7. Gefährliche Verhaltensmuster in Krisensituationen

Beim Beobachten des Auftretens und des Verhaltens von Managern fiel uns sehr deutlich auf, dass in Krisenzeiten typische Verhaltensmuster stark in den Vordergrund traten. Manche Führungskräfte wurden zur Karikatur ihres eigenen Fehlverhaltens. Da die besonders zutage tretenden Auffälligkeiten keineswegs zu den Qualitätsfaktoren von Führungskompetenz zählen, ist es nur logisch, diese Verhaltensmuster unter dem Gesichtspunkt von Missmanagement und von Führungsfehlern genauer zu betrachten.

Uns begegneten sehr engagierte und aktive Manager, die jedoch mit ihrem Tun dem Unternehmen mehr Schaden zufügten als Nutzen stifteten. Wir konnten psychologische Spielchen und taktische Manöver erkennen, mit denen sehr geschickt die Verantwortung für Fehlentwicklungen im Unternehmen abgeschoben wurde. Und wir erlebten Führungskräfte, die hilflos versuchten, die Krisensituation in den Griff zu bekommen. Manchmal zeigten sich so überzogene Verhaltensweisen, dass es uns schien, als würden wir eine Kabarett-Sitzung besuchen oder als wären wir inmitten eines Satire-Sketches eingetaucht.

In den folgenden Typenbeschreibungen werden die auffälligen Merkmale, die sich gerade in Krisenzeiten zeigen, besonders hervorgehoben. Wir wissen sehr wohl, dass Menschen über ein größeres Spektrum an Verhaltensweisen verfügen, als wir hier beschreiben. Dennoch sind die dargestellten Charakteristika für die Lösung von Problemen ganz entscheidende Aspekte, die zum Erfolg oder zum Misserfolg in einem Wirtschaftsunternehmen führen können.

Sollten Sie sich in der einen oder anderen Rolle ganz oder teilweise wiedererkennen, erschrecken Sie nicht. Solche oder ähnliche Verhaltensmuster zu zeigen, ist nicht ungewöhnlich und in Stresssituationen sogar üblich. Spannend ist aber, ob Sie in der Lage sind, eigenes Fehlverhalten zu erkennen und entsprechend gegenzusteuern. Die folgende Auflistung von eher negativen Verhaltensmustern in Krisensituationen haben daher nicht das Ziel, zu beschuldigen oder anzuprangern, sondern vielmehr, einen Spiegel vorzuhalten, um bei Personen, die sich in extremen Stresssituationen befinden, eine Selbstreflexion anzuregen. Um sich den eigenen Anteilen an solchen typischen Verhaltensweisen bewusst zu werden, schließen sich an jeden dargestellten Typus Reflexionsfragen an.

Wir sind uns bewusst, dass der Versuch einer Typisierung immer der Gefahr unterliegt, plakativ, unvollständig oder überlappend zu sein. Trotzdem haben wir dieses Experiment gewagt. Wir überlassen es Ihnen, zu beurteilen, ob die Klassifizierung gelungen ist und ob Sie bei sich selber oder in Ihrem Umfeld den einen oder anderen „Typus" wiedererkennen.

50 Führen in Krisenzeiten

Folgende typische Verhaltensmuster fallen uns in Krisensituationen auf:

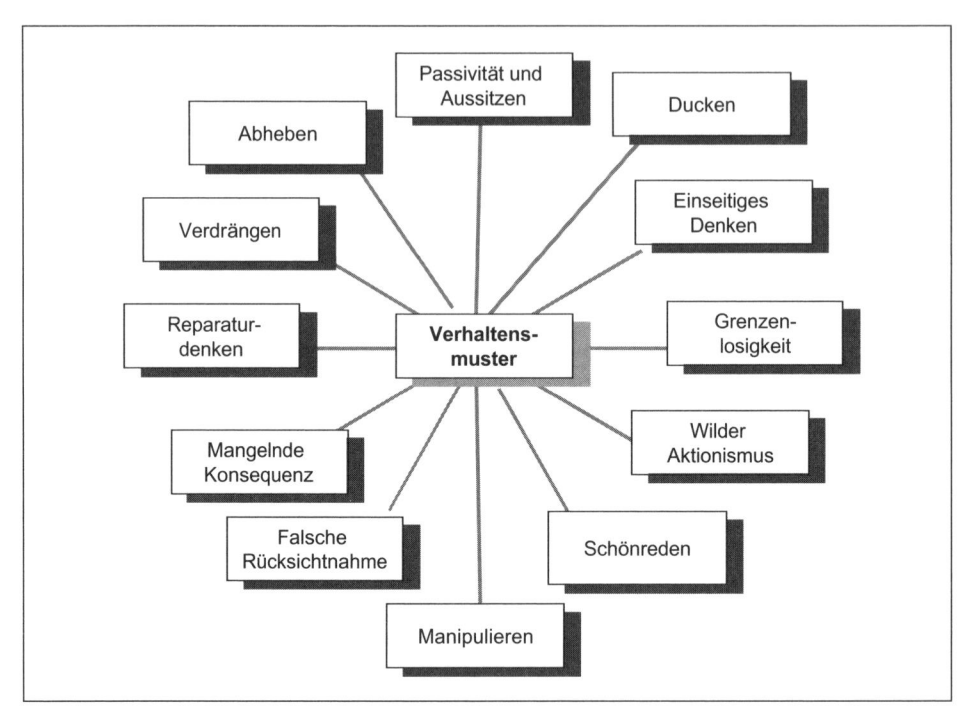

Abbildung 4: Typische Verhaltensmuster in Krisenzeiten

7.1 Passivität und Aussitzen

Taktisch gesehen, ist Aussitzen immer dann festzustellen, wenn es dem Management persönliche Vorteile bringt, die aktuellen oder zukünftigen Probleme nicht anzupacken. Ein Beispiel hierfür ist das Phänomen der „Grauen Haare", wie es Peter Noll in seinem Buch „Der kleine Machiavelli" bezeichnet. Gemeint ist ein Verhaltensmuster, das zum Beispiel oft in der Politik zu erkennen ist. Probleme, die eher unangenehme Entscheidungen voraussetzen und ebenso schwierig umzusetzen sind, werden gerne in Richtung Ende der Legislaturzeit verschoben. Probleme, deren Früchte man gar nicht mehr selber ernten kann, werden oft gar nicht erst angepackt. Dieses Phänomen ist insbesondere bei Führungskräften zu beobachten, die entweder kurz vor ihrem Ruhestand sind oder schon innerlich gekündigt haben und nach einem anderen Job suchen.

Sollte jedoch Passivität festzustellen sein, obwohl die Führungskraft Engagement zeigt, sind die Ursachen eher auf der Wahrnehmungs- und Konfliktbereitschaftsebene zu suchen. Die stärkste Ausprägung der Passivität zeigt sich im Ausblenden oder Verdrängen, so dass wichtige Aspekte, die auf die Entwicklung oder das Bestehen einer Krise hinweisen, nicht wahrgenommen werden. Alle Sinnesreize, alle Hinweise, alle Intuition, die auf das Vorhandensein von Problemen hinweisen, werden bewusst oder auch unbewusst ignoriert. Solange aber keine Aufmerksamkeit auf Vorboten oder Signale gerichtet wird, kann darüber keine Kenntnis erlangt werden.

Passives Verhalten kann ebenfalls darin begründet sein, dass der Betreffende die Situation und den Ernst der Lage nicht entsprechend einschätzt. Vorübergehende Umsatzeinbußen oder Unzufriedenheit der Mitarbeiter werden zum Beispiel als so wenig relevant erachtet, dass kein Handlungsbedarf gesehen wird.

Die Passivität kann sich auch im Hinblick auf das Lösen des Problems zeigen. Es werden keine geeigneten Maßnahmen geplant, keine Ziele formuliert, es werden keine Ressourcen bereitgestellt und keine Aktions- oder Meilensteinpläne erstellt. Dieses Verhalten tritt häufig auf, wenn keine Ansätze für Lösungen bekannt oder vorstellbar sind. Aber auch die verdeckte Furcht, sich den neuen Herausforderungen zu stellen oder gar zu wissen, dass es wenig Aussicht auf Erfolg geben wird, verleitet zu einem eher passiven Verhalten.

Solche Passiv-Zustände werden als Stuck-Zustände bezeichnet. Derjenige, der in einem Stuck steckt, ist im Denken und Fühlen blockiert. Der Zugang zu seinen Ressourcen, zu seinen kreativen Anteilen und zu seiner Problemlösefähigkeit ist gestört. Menschen, die sich in diesem Zustand befinden, beschreiben dies so, als „ginge nichts mehr". Aufmerksame Berater und Coaches können auch anhand der Problemphysiologie (Körperhaltung, Mimik, Gesichtsfarbe etc.) feststellen, welches die konkreten Auslöser für den Stuck sind.

Oft kann dies jedoch auch damit zusammenhängen, dass die Führungskraft die Konfrontation scheut. In Krisensituationen sind oft unangenehme Entscheidungen zu treffen, Mitarbeiter müssen entlassen werden, man muss sich unangenehmen Fragen von Gesellschaftern, Banken, Medien, Lieferanten oder Kunden stellen. Die Angst davor führt oft dazu, dass man in Starre verfällt und lieber – wie die Maus vor der Schlange – die Probleme verdrängt. Hat sich zum Beispiel ein Mitglied einer Seilschaft der Geschäftsleitung etwas zuschulden kommen lassen, werden die Fehler eher vertuscht oder die Konsequenzen wie eine Abmahnung oder die fristlose Kündigung vor sich hergeschoben, bis Gras über die Angelegenheit gewachsen ist.

Nicht selten sind die Blockaden bei fälligen Entscheidungen auch darauf zurückzuführen, dass die Fülle an Informationen zu groß und die Konsequenzen zu unübersichtlich sind. Manchmal können die Konsequenzen und Alternativen so unattraktiv sein, dass es gilt, zwischen zwei oder mehreren Übeln zu entscheiden. Der Entscheider steckt damit in einer Zwickmühle, die egal, welche Entscheidung getroffen wird, zu einer unangenehmen Konsequenz führen wird.

Manchmal sind es auch frühere Erlebnisse, die dazu führen, dass Negatives erwartet wird. Wenn Menschen mehrfach bestimmte Erfahrungen gemacht haben, werden sie vermuten oder fürchten, dass diese oder ähnliche wieder eintreten. Aus Furcht davor werden wichtige Entscheidungen so lange wie möglich hinausgezögert.

Fragen zur Selbstreflexion

- Verschieben Sie dringende Entscheidungen?
- Denken Sie, ein bestimmtes Problem ist sowieso zurzeit nicht lösbar?
- Haben Sie Angst, dass eine Entscheidung negative Folgen für Sie hat?
- Tun Sie sich schwer, unliebsame Entscheidungen zu treffen?
- Gehen Sie gerne Problemen aus dem Weg?
- Ertappen Sie sich, dass Sie Probleme verniedlichen?
- Haben Sie oft einen so vollen Terminkalender, dass Sie nicht dazu kommen, die „wirklich wichtigen Entscheidungen" zu treffen?
- Flüchten Sie sich gerne auf „Nebenkriegsschauplätze"?
- Haben Sie Themen, in denen Sie „voll aufgehen" und dabei andere unangenehmen Entscheidungen vertagen oder sogar vergessen?

7.2 Ducken

Ebenso wie die stets an vorderster Front auftretenden Macher und Redner konnten wir Führungskräfte finden, die es vorziehen, besonders in Krisenzeiten nicht aufzufallen. Wer in Zeiten, in denen nach Schuldigen gesucht wird, häufig in Erscheinung tritt, läuft Gefahr, etwas von der Verantwortung zugeschoben zu bekommen. Also ziehen es manche Manager oder auch Projektleiter vor, nicht zu sehr in die Schusslinie zu geraten.

In Meetings und öffentlichen Auftritten verhalten sie sich unauffällig. Weder wird das große Wort geschwungen, noch tun sich solche Menschen durch Arbeitsehrgeiz hervor. Am besten ist es, sich so lange zu ducken, bis die dunklen Wolken verzogen sind, die Gefahr vorüber ist und man sich dann wieder ans Licht trauen kann.

Mit diesen Strategien sind manche Führungskräfte in problematischen Zeiten gut davongekommen. Sie überlebten nicht nur Vorstandswechsel, sondern auch Richtungswechsel des gesamten Unternehmens. Wer nicht auffällt, steht auch nicht im Wege. Alle Arbeitsaufträge werden ohne Einwände übernommen und mehr oder weniger zielgerichtet ausgeführt. Lästige Diskussionen und das Zerreden von Lösungen und Wegen unterbleibt.

Vorteilhaft an diesem Verhalten ist, dass unnötige Diskussionen und das allzu verbreitete Sich-Profilieren entfallen. Ohne solche Psychospielchen wird wertvolle Zeit gewonnen, die für die wirkliche Lösung der Probleme oder der Krise genutzt werden kann. Peter Noll beschreibt diesen Typen, der sich gerne wegduckt in seinem Buch „Der kleine Machiavelli" als „graue Maus". Nicht selten ist es sogar so, dass dieser Typus bei Karriereentscheidungen die Nase vorne hat. Da er kaum Entscheidungen trifft, kann er wenig falsch machen. Im natürlichen Selektionsprozess von Führungskräften bleibt er in der Regel als der „fehlerloser Mitarbeiter" übrig.

Gefährlich ist das Duckmäusertum, weil die Betreffenden keine eigenen Ideen einbringen, nicht auf entstandene Schwierigkeiten verweisen oder auftretende Widerstände ignorieren. Nicht selten wird mit diesem eher unterwürfigen Verhalten ganz gezielt die Beziehung zum Vorgesetzten gesteuert: Sich lieb Kind machen, nicht anecken und damit auch nicht ins schlechte Licht geraten.

In Krisenzeiten kann dieses Verhalten kontraproduktiv sein. Es müssen oft harte Entscheidungen getroffen werden und Ausflüchte gelten nicht. „Duckmäuser" in Führungspositionen verzögern oft wichtige Entscheidungen und verschlimmern Situationen, bis es letztendlich zu spät ist.

Ein Fall, bei dem dieses Verhalten schwerwiegende Konsequenzen hatte, ist der folgende: Ein mittelständisches Maschinenbauunternehmen mit Ertrags- und Liquiditätsproblemen hatte den Kreditrahmen voll ausgeschöpft. Ein Gespräch bei der Hausbank war fällig. Der Kreditsachbearbeiter war nervös und wies darauf hin, dass es wohl keine Möglichkeit einer Krediterweiterung gäbe. Der Geschäftsführer sah sich nicht in der Lage, die Situation in ihrer ganzen Tragweite darzustellen, die Bank zu bitten, ein Moratorium zu akzeptieren und sogar noch die Linien zu erweitern. Statt dessen tilgte er noch fleißig das nächste halbe Jahr den Bankkredit auf Kosten der Lieferantenverbindlichkeiten. Als dieser Rahmen dann ebenfalls ausgeschöpft war und Lieferanten nur noch per Vorkasse liefern wollten, musste er Insolvenz anmelden. Ein frühes Konfrontieren mit der Situation hätte sicher geholfen. Viele Insolvenzverwalter bestätigen, dass sie nichts anderes tun, als die nötige Offenheit an den Tag zu legen, wie dies der Geschäftsführer lange vorher bereits hätte tun sollen.

Fragen zur Selbstreflexion

▶ Gehen Sie gerne den Weg des geringsten Widerstands?
▶ Ertappen Sie sich oft dabei, „Ja" zu sagen, auch wenn Sie innerlich wissen, dass dies falsch ist?
▶ Sind Sie eher auf Harmonie aus und scheuen den Konflikt?
▶ Kann es passieren, dass Sie in einer Konfliktsituation beiden Parteien etwas zusagen und nicht mehr wissen, wie Sie aus dem Dilemma rauskommen?

▶ Fällt es Ihnen schwer, „Nein" zu sagen und eine klare, wenn auch für Sie unangenehme Position einzunehmen?
▶ Können Sie Beziehungs- und Sachebene trennen?

7.3 Einseitig denken

In Zeiten steigender Komplexität ist es eine wichtige Managementfähigkeit, schnell auf den Punkt zu kommen und „Komplexität zu reduzieren". Diese eigentlich positive Eigenschaft kann jedoch – wenn sie zu stark ausgeprägt ist – auch zur Schwäche werden. Bei einseitigen Denkern ist oft zu beobachten, dass diese in Krisensituationen keine neuen Lösungswege suchen. Statt dessen nutzen die Führungskräfte, die zu einseitigem Denken neigen, immer wieder die gleichen Lösungsmuster. Einmal erfolgreiche Handlungsweisen werden auf andere Situationen übertragen, ohne sich darüber im Klaren zu sein, dass Situation, Kontext, Rahmenbedingungen etc. nicht mehr die selben sind.

In einem konkreten Fall haben wir einen Geschäftsführer eines Telekommunikationsunternehmens erlebt, der sehr erfolgreich das Unternehmen als Start-up-Firma entwickelt hat. Dabei hat er gelernt, wie wichtig es ist, Mitarbeiter zu motivieren und über Incentives „bei der Stange" zu halten. Betriebsfeste, kleine Geschenke wie ein „Mon-Cheri" morgens auf jedem Schreibtisch sollten den Mitarbeitern zeigen, dass der Chef an sie denkt. Als nun harte Zeiten anstanden und Mitarbeiter entlassen werden mussten, hielt der Chef an seinen bisher erfolgreichen Methoden fest. An dem Tag, an dem 10 Prozent der Belegschaft entlassen wurden, ließ er an die Mitarbeiter ein Schokoladenherz verteilen – mit der Aufschrift „Wir brauchen Dich". Die Mitarbeiter schüttelten nur den Kopf. Unverständnis und Demotivation waren die Folge.

Peter Hartz, der Personalchef von Volkswagen AG, sagte in einem Interview mit dem Magazin „Focus", dass es Personalern oft an Kreativität fehle. Wenn Kosten eingespart werden müssen, wird sofort Entlassung als Maßnahme definiert. Er zeigte mit der VW-4-Tage-Woche, dass auch andere kreative Wege möglich sind, um Kosten zu sparen, ohne Mitarbeiter zu entlassen. Dies erfordert jedoch, altbewährte und erprobte Wege zu verlassen und sich auf die aktuelle Situation einzulassen – und das in kürzester Zeit!

Gerade unter Zeitdruck werden nur selten verschiedene Verfahren genutzt, um die ersten Ergebnisse nochmals zu überprüfen. Daher kommt es vor, dass bei schnellen Schlussfolgerungen oder Entscheidungen mehrere Aspekte nicht beachtet werden. Das zeigt sich im vereinfachenden Schwarz-weiß-Denken, das vom Entweder-oder geprägt ist.

Vor diesen Gefahren des vereinfachten und vereinfachenden Denkens ist kein Manager und kein Politiker gefeit. Zu attraktiv ist es, die Welt in zwei Lager einzuteilen und dann eine scheinbar logische und einfache Lösung zu finden. Dennoch ist diese Denkweise sehr „hilfreich", um Entscheidungen vorzubereiten. Schließlich geht es um ein Bleiben oder Gehen in einem Unternehmen. Es braucht nicht betont zu werden, dass dadurch sicherlich nicht die besten Lösungen zustande kommen und die Berücksichtigung der relevanten Folgen erheblich eingeschränkt ist.

Nicht selten setzt sich das Schwarz-Weiß-Denken auch in der Gruppendynamik eines Unternehmens durch. Ganze Abteilungen oder sogar Tochterfirmen werden derartig schnell in die passende Schublade gesteckt. In einem großen Energiekonzern wurde eine Tochterfirma vom Vorstandsvorsitzenden häufig als „Geldvernichtungsmaschine" betitelt und das Missmanagement angeprangert. Selbstverständlich haben alle, die dem obersten Chef nach dem Munde reden wollten, in das gleich Horn gestoßen – obwohl sie selbst keine eigenen Erfahrungen mit diesem Tochterunternehmen gesammelt haben.

Auf der Basis dieser Mechanismen funktioniert die Bildung von Vor-Urteilen – also Urteilen, die getroffen werden, ohne dass eine entsprechende Vorinformation eingeholt wird oder eigene Erfahrungen gesammelt wurden. Werden diese Mechanismen nicht durch entsprechend wachsame Führungskräfte unterbunden, kommt es zu dysfunktionalen Gruppenprozessen und nicht selten zu Ausgrenzungs- und Mobbing-Attacken.

Konstruktive Denkprozesse bestehen nicht nur aus der Reduktion von Komplexität und deren Schlussfolgerungen. Sie sind vielmehr ein kybernetischer Vorgang mit Reduktion und Ergänzung von Komplexität, mit dem Vergleichen, dem Ordnen, dem Klassifizieren und dem Abstrahieren von Sachverhalten. Im Laufe des Lebens entwickelt jeder Mensch seine Präferenzen und damit auch seine Bewertung des einen oder anderen Denk- und Problemlösevorgehens.

Zu Schwarz-Weiß-Denken neigen Menschen, die in ihrem Weltbild stark durch Zahlen, Vorschriften, Kontrollen und Instrumente geprägt sind. Die „Vorteile" einer solchen Vorliebe liegen im Vermeiden und Abwerten von Beziehungen, von Gefühlen und von Intimität. Stattdessen steht eine starke sachliche Orientierung im Vordergrund.

Fragen zur Selbstreflexion

▶ Haben Sie schnell eine Lösung parat?
▶ Erleben Sie, dass Sie sich oft, noch bevor alle Informationen vorliegen, innerlich entschieden haben?
▶ Neigen Sie dazu, sich relativ schnell ein Urteil über Menschen zu bilden?
▶ Stellen Sie selten „Tatsachen" in Frage?
▶ Haben Sie klare Vorstellungen, wie Unternehmen zu funktionieren haben?
▶ Kennen Sie die Stellschrauben, an denen im Fall einer Krise gedreht werden muss?

7.4 Grenzenlosigkeit

Noch immer hält der vor mehreren Jahren aufgekommene Trend im Wirtschaftsleben an, sich lautstark von Perfektion, Pflicht, Ratio, Richtlinien, Hierarchien oder starrer Organisation abzugrenzen. Es werden statt dessen Evolution, Chaos-Management und Selbstorganisation gepredigt. Sicherlich ist es notwendig, alte verkrustete Strukturen und Instrumente zu verbessern, dennoch konnten wir nicht selten die Nachteile dieses Denkens und seine fatalen Folgen erleben.

Besonders in Start-up-Unternehmen wird von den zum Teil sehr jungen Führungskräften die Freiheit des eigenen Handelns einem professionellen Management vorgezogen. Gelegentlich hatte es den Anschein, als sei die Firma eine Bastelbude für spielende große Jungen. Statt die einfachsten Grundlagen des Wirtschaftens zu beachten, war das Ziel ihrer Handlungen ausschließlich die Befriedigung der eigenen Macht- und Statusbedürfnisse, was sich konkret in ausuferndem Gehaltsgefüge, in überflüssigen und nicht nutzbaren Investitionen sowie in völlig absurden Geschäftsbeteiligungen zeigte.

Die Grenzenlosigkeit mancher Manager macht auch vor Gesetzen nicht halt. Arbeitsgesetze werden permanent missachtet und überschritten. Die Rechnungsbegleichung geschieht per Anweisung erst nach der 3. Mahnung; wer nicht mahnt, bekommt sein Geld nicht. Von illegaler Entsorgung von Chemikalien wie auch von „Korrekturen" der Bilanzen oder der Gewinn-und-Verlust-Rechnung wird immer häufiger in der Presse berichtet.

Wer in seinem Geschäftsgebaren diesen Größenwahn zeigt, zeigt ihn auch in seinem persönlichen Auftreten. Die eigenen Fähigkeiten werden ebenso überschätzt wie der positive Verlauf der Geschäftsentwicklung und die Wahrscheinlichkeit, bei illegalen Machenschaften nicht erwischt zu werden.

Die Wurzel des Übels beginnt in der Regel bereits bei der Erstellung der Strategie. Es werden Ziele verfolgt, die das Unternehmen in eine labile Position bringen. Soll das Unternehmen zum Beispiel zu schnell wachsen, kann es schnell in Liquiditätsschwierigkeiten kommen, weil der Wachstumsprozess, die Risiken und eventuelle Rückschläge nicht berücksichtigt wurden. Grandiose Ideen und ausufernde Wünsche werden mit Zielen verwechselt. Die Basis realistischer Ziele beinhaltet die Nutzung von verfügbaren Ressourcen wie auch die notwendigen Zeitabläufe. Grenzenlose Manager tun so, als wäre diese Basis bei ihren Wunschträumen nicht nötig.

Grenzenlose Menschen haben oft eine besondere Fähigkeit: Sie können begeistern! Mit dieser Fähigkeit schaffen Sie es, die sonst so langsamen Bedenkenträger mitzureißen. Diesen Effekt, den wir wegen seiner Wirkung als Napoleon-Effekt bezeichnen, führt nicht nur dazu, dass der Manager selbst einen zu risikoreichen Weg beschreitet, er reißt Gruppen oder ganze Unternehmen mit sich. Auf einen Weg, der über kurz oder lang zum Ruin des Unternehmen führen wird, weil die Gefahren nicht gesehen und nicht bewältigt wurden.

Fragen zur Selbstreflexion

▶ Sind Sie der Meinung, es gibt für jedes Problem eine Lösung?
▶ Sind Sie davon überzeugt, dass man alles im Leben erreichen kann, wenn man sich nur stark genug dafür einsetzt?
▶ Sind Regeln und Gesetze für Sie oft unnötige Bürokratie, die Ihr Handeln unnötig erschwert?
▶ Ist Erfolg für Sie wichtig?
▶ Sind Kampf und Auseinandersetzung für Sie im Berufsleben wichtig?
▶ Setzen Sie sich hohe Ziele?
▶ Müssen Sie oft Ihre Ziele unterjährig nach unten korrigieren, da Sie sie zu hoch gesteckt haben?
▶ Reizt es Sie, Herausforderungen anzunehmen – gerade weil diese für andere nicht realistisch erscheinen?

7.5 Wilder Aktionismus

Wilder Aktionismus ist ein Phänomen, das uns häufig begegnet. Damit wird ein Verhalten bezeichnet, bei dem viele Aktivitäten ungeplant und unkoordiniert von verschiedenen Akteuren durchgeführt werden. Da diese Aktivitäten letztendlich nicht zielführend sind, können sie logischerweise nicht zum Erfolg führen. Oft sind es Versagensangst und Panik, die sich breit machen und dazu führen, dass operative Hektik ausbricht. Es wird nicht lange nachgedacht, sondern gleich gehandelt. Am besten an allen Fronten gleichzeitig!

Ein Manager, der zur Krisenbewältigung in einem Unternehmen eingesetzt ist, muss sich stets aktiv und bei vielen Gelegenheiten zeigen. Handeln ist die oberste Prämisse in vielen Unternehmensverfassungen. Jeder, der nicht aktiv als Handelnder in Erscheinung tritt, wird schnell als Faulenzer angesehen. Obwohl in einer Organisation viele Dinge im Stillen oder ohne sie an die große Glocke zu hängen, erledigt werden, ist die Versuchung groß, nur die aktive Handlung als wichtige Tätigkeit anzuerkennen.

Der Druck, der die Führungskräfte belastet, scheint immens zu sein. Wenig beachtet wurde bisher, dass die Manager auch ohne dass sie in Krisenzeiten besondere Herausforderungen annehmen müssen, unter massiven Ängsten leiden. Nach Untersuchungen aus dem Jahr 1995 konnten unter deutschen Führungskräften 4 verschiedene Stresstypen herausgefunden werden.

58　Führen in Krisenzeiten

20,5 % der Befragten konnten als Ängstliche und Angespannte,
22,2 % als Verdränger,
27,6 % als Ehrgeizige und
29,5 % als der gesund und kontrolliert lebende Manager eingestuft werden.

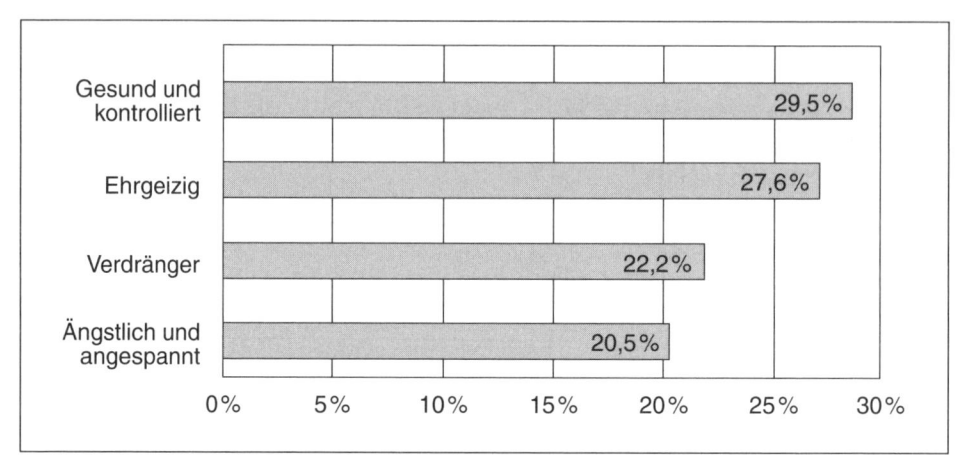

Abbildung 5: Stresstypen von Führungskräften
(Angelehnt an Gross, W.: Karriere(n) in der Krise, Bonn 1997)

Besonders die Ängstlichen/Angespannten und die Verdränger neigen dazu, sich chronisch zu überfordern und obendrein diesen Stress ungünstig zu verarbeiten, was die Spirale von Leistungsanforderung, Überforderung und körperlichen Symptomen immer weiter nach oben treibt. Übersteigerte Aktivität scheint eine häufige Art der Bewältigung dieser Spannung zu sein.

Auch Panikgefühle oder -attacken können bei Führungskräften nach einer Phase der Kopflosigkeit auftreten und in unkoordiniertem Aktionismus münden. Manager, Projektleiter und Nachwuchskandidaten glauben, permanent Lösungen und Aktionen vorweisen zu müssen, um sich und anderen ihre eigene Existenzberechtigung zu beweisen.

Sind diese Aktivitäten zielführend, ist dagegen nichts einzuwenden. Bemerkenswert ist die Tatsache, dass es oft eine Furcht vor den Ergebnissen der Aktionen gibt. Konzepte, Pläne und Projekte werden immer wieder geändert, so dass es nicht zur Konkretisierung kommt. Dies hängt oft unterbewusst damit zusammen, dass an die eigenen Konzepte nicht wirklich geglaubt wird und diese somit schon im Vorfeld entwertet und für unzulänglich gehalten werden.

Wilder Aktionismus ist dadurch gekennzeichnet, dass Aktionen und Aktivitäten meistens von einer Führungskraft allein in Gang gesetzt werden. Damit unterbleiben Ab-

Gefährliche Verhaltensmuster in Krisensituationen 59

stimmungen und gemeinsamen Planungen, so dass Ressourcen, Zeitpläne und Konsequenzen nicht in die Entscheidung mit einbezogen werden. Es werden Mitarbeiter mit „Schnellschüssen" beauftragt, die dann ihre eigenen Aufgaben liegen lassen. Nicht selten kommt es zu Überschneidungen mit anderen Aufgaben und manchmal wird auch gänzlich gegeneinander gearbeitet. Fallen nach einiger Zeit diese unzulänglichen Aktionen auf, werden die Aufgaben gestoppt. Wohl selten wurde in Unternehmen so viel für den Papierkorb gearbeitet wie in diesen Zeiten der Krise. Die Folgen sind für alle Beteiligten schwerwiegend. Die Mitarbeiter fühlen sich ausgenutzt, ihre Ergebnisse, ihre Ideen werden nicht oder nur wenig berücksichtigt, obwohl sie vielleicht gerade in den Krisenzeiten enorme zusätzliche Leistungen erbracht haben. Die Mitarbeiter, die entweder nicht beteiligt waren oder deren Arbeit durch die wilden Aktionen betroffen oder behindert wurden, verlieren ihre Motivation.

Führungskräfte, die in ihrer Sandwich-Position die oft von ihnen als falsch erkannten wilden Aktionen umsetzen müssen, sehen die mangelnde Lösungsqualität und die Ausweglosigkeit ihres Bemühens. Mitarbeiter und Führungskräfte verlieren das Vertrauen in die Unternehmensleitung. Die Unternehmensleitung hingegen versucht weiterhin, ihre Aktionen und Maßnahmen zu rechtfertigen. Fehler werden nur sehr selten zugegeben. Häufig wird die Geschäftsleitung die wilden Aktionen nicht einstellen, sondern mit einer geänderten Zielsetzung weiterführen, um bei einem radikalen Kurswechsel das Gesicht nicht zu verlieren.

Bei der einzelnen Person lässt sich eine persönliche Disposition zu wildem Aktionismus in folgendem Verhalten erkennen: Ein solcher Mensch ist von Neuem schnell begeistert, wobei unverzüglich Langeweile folgt, wenn er das Neue kennt. Er braucht immer eine inspirierende Idee, die es in der Zukunft zu erreichen gilt. Er ist modern eingestellt und kann Traditionen nichts abgewinnen. Er ist voller Tatendrang und selbst am Wochenende oder im Urlaub findet er keine Ruhe, weil er stets mit Sport und Aktivitäten beschäftigt ist. Besinnliches Erleben etwa in einem Kirchenkonzert wird er nicht zu schätzen wissen. Sein Leben ist geprägt von aktivem Tun und schnellem Handeln.

Die Führungskraft, die dieses Verhalten zeigt, ist der typische Macher, der wenig Zeit mit Analyse und Planung verbringt. Es muss immer eine Idee in der Zukunft sein, die es gilt zu erreichen. Der Kick, sich immer wieder neuen Herausforderungen zu stellen, scheint nicht nur dem Zeitgeist zu entsprechen, sondern auch eine wichtige psychologische Funktion zu erfüllen. Je nach theoretischem Hintergrund psychologischer Richtungen werden solche Menschen als hysterisch bezeichnet. Ein hysterischer Mensch sucht ständig nach Abwechslung und nach Aufregung. Der wichtige psychologische Gewinn ist die Erfahrung des Überschreitens von Grenzen. Zusätzlich wird auch die soziale Anerkennung gesucht, indem es darum geht, eigene Erfolge und manchmal auch eigene Missgeschicke in der Öffentlichkeit darzustellen, um bewundert oder bedauert zu werden.

Im Arbeitsumfeld eines solchen hysterischen Vorgesetzten kann professionelles Zeitmanagement auch unter den besten Bedingungen nicht betrieben werden. Sich selbst Ziele zu setzen und sich diesen unterzuordnen, ist weder der Führungskraft noch seinen Mitarbeitern, die das Zeitchaos mitmachen müssen, möglich. Daher ist der Umgang mit der Arbeitszeit in solchen von hysterischen Führungskräften geführten Bereichen erheblich gestört. Es ist nicht selten, dass ein solcher Vorgesetzter derartig chaotische Zeit- und Arbeitsorganisation positiv ideologisiert. Immerwährende Flexibilität und Improvisation werden als relevante Kompetenzen heraufstilisiert. Dass in einem solchen Unternehmen Erschöpfungssyndrome, Burn out und unproduktive Arbeitssucht üblich sind, ist die logische Folge.

Ein 36-jähriger Geschäftsführer, der auch noch Vorsitzender der Geschäftsleitung war, pflegte einen derartigen Stil. In seinen Besprechungen schrieb er nebenher Mails, rannte zwischendurch aus dem Zimmer, um seiner Sekretärin mitzuteilen, was ihm gerade in den Sinn kam. Während Sitzungen telefonierte er mit anderen Mitarbeitern oder Geschäftspartnern oder korrigierte Konzepte zu anderen Themen und Fragestellungen. Seine ihm direkt unterstellten Mitarbeiter rief er ebenso spontan und undurchdacht von morgens 7 Uhr bis abends 23 Uhr auf dem Handy an. Er stellte Fragen, die nicht beantwortet werden können, weil zum Beispiel Unterlagen aus dem Büro dazu notwendig waren. Entscheidungen traf er sofort und „aus dem Bauch heraus", meistens jedoch mussten diese Entscheidungen korrigiert und modifiziert werden, wenn es um die Umsetzung ging.

Dass ein solches Verhalten wenig mit konzentriertem Arbeiten zu tun hat noch partnerschaftlichen Umgang mit den anwesenden Besprechungsteilnehmern zeigt, mag jedem einleuchten. Diese Art und Weise der Arbeit wurde oftmals als besonders dynamisch und flexibel angesehen. Junge Führungsnachwuchskräfte taten gut daran, sich ebenfalls so zu verhalten, damit sie als flexibel genug galten, um Karriere machen zu können. Gleichzeitig litten alle anderen in der Firma darunter, dass die Sprunghaftigkeit von Gedanken, die Sinnlosigkeit von Entscheidungen und die Inkonsistenz von Beurteilungen keine professionelle Arbeit erlaubte.

Als weitere Folge sind gruppendynamische Reaktionen zu nennen. Wer sich jemals inmitten der johlenden Herde von Fußballfans befunden hat, wird eine Ahnung bekommen, welchen Einfluss das Verhalten einer Gruppe auf das Verhalten eines Einzelnen haben kann. Der wilde Aktionismus in Unternehmen ist ansteckend. Alle Beteiligten zeigen rege Betriebsamkeit. Mitarbeiter, die sich diesem Agieren nicht anschließen, werden als faul, als blockierend oder gar als nicht unternehmensloyal angesehen. Treibende Kraft ist nicht selten das Demonstrieren und das Zur-Schau-stellen von eigener Aktivität mit dem Ziel, sich bei den „Aktionismustreibern" beliebt zu machen.

Fragen zur Selbstreflexion

▶ Geraten Sie unter Stress oft in Panik?
▶ Haben Sie das Gefühl, dass alles zu langsam geht?
▶ Sind Sie manchmal nicht von Ihren Entscheidungen überzeugt, denken sich aber „lieber jetzt etwas entschieden, als zu lange gewartet?"
▶ Fühlen Sie sich wohl, wenn viel „passiert"?
▶ Haben Sie kein Verständnis, wenn Mitarbeiter sich überfordert fühlen?
▶ Haben Sie die Einstellung, „wenn es zu viel wird für den Mitarbeiter, dann wird er sich schon melden"?
▶ Haben Sie die Tendenz zu Aussagen wie „Was interessiert mich mein Geschwätz von gestern?"
▶ Meinen Sie, wer schnell ist, kann auch viel leisten?

7.6 Schönreden

Seit es in der Wirtschaft üblich geworden ist, mehr an der eigenen positiven Außenwirkung zu arbeiten, anstatt die sachlichen Aufgaben im Fokus zu haben, ist es nicht verwunderlich, dass so viele betriebswirtschaftliche Fehlentscheidungen getroffen werden.

Und diese Fehlentscheidungen können vertuscht werden. Die Zyklen werden immer kürzer. Dies gilt für die Verweilzeiten der Führungskräfte auf Positionen, für die Laufzeit von Projekten und für das jeweilige Unternehmensumfeld. Führungskräfte müssen häufig nicht für ihre Entscheidungen geradestehen, da sie 2 bis 4 Jahre später meistens einen anderen Bereich verantworten. Ebenso sind die Einflüsse der Umwelt in der Zwischenzeit so komplex, dass es sehr schwer fällt, eindeutige Zusammenhänge zwischen Fehlentscheidungen und schlechten Ergebnissen im Nachhinein herzustellen.

Wie auch in den Werbebotschaften, in denen nicht mehr ein Produkt, sondern ein assoziiertes Gefühl verkauft wird, nutzen Manager immer häufiger die gleichen Prinzipien der Beeinflussung. Da wird von Quick Wins gesprochen, die schnell erreicht und in entsprechender Weise vermarktet werden müssen, wobei eine gute Vermarktung das Ziel ist. Aufsichtsräte, Vorstandsmitglieder, Gesellschafter haben nur selten Zeit, die verfügbaren Information im Detail zu verarbeiten. Da nimmt es nicht wunder, dass nur die erwünschten und positiven Aspekte von Daten herausgenommen und öffentlichkeitswirksam genutzt werden.

Schönreden zwischen Führungskraft und Mitarbeiter

In der Kommunikation zwischen Führungskraft und Mitarbeitern nutzen beide Parteien die Methode, sich ins rechte, gute Licht zu stellen. Mitarbeiter verschleiern Fehler, berichten von großen Ideen oder Erfolgen. Führungskräfte haben oft die Aufgabe, negative Informationen, die sie selbst von ihren Vorgesetzten bekommen haben, redefiniert und mit positiven Assoziationen weiterzugeben.

Gelegentlich werden auch in der Interaktion mit Mitarbeitern die positiven Aspekte derartig hervorgehoben und herausgestellt, dass negativ bewertete Sachverhalte gar nicht besprochen und die häufig von den Mitarbeitern angesprochenen negativen Seiten abgewehrt werden. Nicht selten gehen Mitarbeiter aus den Besprechungen mit dem Gefühl heraus, gar nicht verstanden worden zu sein.

Das Prinzip hinter dem Schönreden ist, nicht das auf den Tisch kommen zu lassen, für das sowieso keine Lösung vorhanden ist. Was nicht sein darf, das kann nicht sein. Und was nicht sein kann, über das wird auch nicht gesprochen. Der Schönredner hat die Fähigkeit, Probleme zu verniedlichen und auf die eigenen Stärken hinzuweisen. Diese Fähigkeit ist sicher in bestimmten Situationen der Ausweglosigkeit hilfreich, da der ausgestrahlte Optimismus und die Zuversicht in die Zukunft den Mitarbeitern wieder Mut geben kann: „Wenn mein Chef die Dinge ja gar nicht so schlimm sieht, geht es uns ja doch nicht so schlecht ... Er muss es ja wissen!"

Es gibt zwei Arten von Schönrednern. Auf der einen Seite die Verdränger, die das Problem nicht sehen wollen und sich autosuggestiv einreden, was sie sehen wollen. Durch ständiges Erzählen, wie es sein sollte, glauben sie schließlich selber auch daran. „Wenn mir ja niemand widerspricht, habe ich ja doch recht!" Auf der anderen Seite gibt es den Manipulateur, der die Probleme sieht, aber taktisch denkt. Entweder er traut seinen Mitarbeitern nicht zu, die Realität zu ertragen, oder er ist schon auf dem Sprung auf die nächste Karrierestufe und muss noch ein paar Fakten „aufpolieren", um einen schönen Abgang zu haben.

Beide Typen sind in Krisensituationen äußerst schädlich. In Gesprächen mit Konkursverwaltern hören wir immer wieder, dass die wichtigste Fähigkeit in Krisen die ist, hart – aber offen – die Probleme anzusprechen und gemeinsam nach Lösungen zu suchen.

Fragen zur Selbstreflexion

- ▶ Neigen Sie dazu, Fakten zu verniedlichen?
- ▶ Scheuen Sie Konfrontationen mit Kollegen und Chef?
- ▶ Verleugnen Sie oft Probleme?
- ▶ Fällt es Ihnen leicht, die „Kehrseite der Medaille" zu sehen?
- ▶ Stellen Sie sich mit Ihrer Wortwahl auf den Gesprächspartner ein?
- ▶ Tun Sie sich sehr schwer, unangenehme Botschaften zu verkünden?

▶ Treffen Sie Zusagen, die Sie dann doch nicht halten können (zum Beispiel gegenüber Lieferanten oder Kunden), um eine angenehme Gesprächssituation zu schaffen?

7.7 Manipulieren

Je höher ein Manager in der Hierarchie aufsteigt, desto mehr muss er an verschiedenen Fronten kämpfen. Da er nicht mehr nur zwischen oben und unten vermitteln muss, sondern noch mit weiteren Zielgruppen zu kooperieren hat, werden Aussagen vager, das Verhalten zwiespältiger und weniger leicht zu durchschauen. In diesem Schlachtfeld müssen viele Register gezogen werden, die meistens nicht mehr sachlich oder betriebswirtschaftlich begründet sind.

Es werden Widersacher kaltgestellt oder gezielt eingebunden und Unterstützer müssen bei Laune gehalten werden. Politisch wichtige Personen werden hofiert und gefährliche Gegner indirekt entmachtet. Eine Fülle dieser Verhaltensweisen haben wir erlebt und wir konnten auch sehen, wie der geschickteste „Spieler" in Situationen kam, in denen er von einem oder mehreren anderen ausgetrickst oder entmachtet wurde.

In Krisenzeiten geht es oft darum, Schuld abzuweisen. Es werden Opfer gesucht und öffentlich geschlachtet. Ein Beispiel aus der Praxis zeigt dies deutlich. In einem großen Projekt, das erheblichen Einfluss auf die Zukunft eines Unternehmens hat, stellt der Vorstand einen fähigen Projektleiter ein. Der Projektleiter merkt im Laufe des Projekts, dass die Kosten und die Zeitleiste unrealistisch sind. Daher müssen wichtige unternehmerische Entscheidungen über die Fortführung des Vorhabens getroffen werden. Der Projektleiter bittet den Vorstand um Unterstützung. Der Vorstand blockt ihn jedoch ab und antwortet mit einem Standardspruch: „Wir haben keine Wahl, wir müssen die geplanten Ziele erreichen!". Der Vorstand hatte sich gegenüber dem Aufsichtsrat und den Aktionären bereits im Vorfeld geeinigt. Dort berichtet der Vorstand ausschließlich positiv über das Projekt und lobt den Projektleiter. Mit dem absehbaren Scheitern des Projektes entlässt der Vorstand kurzerhand seinen Projektleiter, tritt an den Aufsichtsrat heran und berichtet über die Krisensituation. Dabei wird die Enttäuschung über den Projektleiter ausgedrückt, dem „so viel Vertrauen entgegengebracht" worden war. Der Vorstand selbst behält eine „weiße Weste", denn er habe, sobald ihm die Missstände aufgefallen seien, die entsprechenden Konsequenzen gezogen. Nun kann der Vorstand, der eigentlich die fatale Situation erzeugt hat, als Sanierer auftreten und so tun, als ob er der Retter der Lage sei.

Solche und ähnliche Verhaltensmuster sind logischerweise extrem schädlich für den Zusammenhalt der Belegschaft. Es entsteht eine Misstrauenskultur gegenüber dem

Management. Interessanterweise kommen Führungskräfte nicht selten schadlos aus derartigen Intrigensituationen heraus, da sie rechtzeitig „Schuldige" für die aktuelle Situation als Bauernopfer präsentieren können. Oft ist nur über die Betrachtung des Lebenslaufs erkennbar, dass der Manager Karriere gemacht hat, die Unternehmen, die er verlassen hat, aber oft in sehr schlechtes Fahrwasser geraten sind.

Manipulateure leben von dem Informationsvorsprung, den sie haben. Ziel ist es, stets zu vermeiden, dass alle Parteien an einem Tisch sitzen. „Teile und herrsche" ist die Devise der Manipulateure!

Fragen zur Selbstreflexion

- Neigen Sie dazu, die Fakten zu Ihrem Vorteil auszulegen?
- Stehen Sie oft in Konkurrenz zu Ihren Kollegen und beschäftigt Sie dies sehr?
- Sind Sie der Meinung, dass Offenheit nichts in einem Wirtschaftsunternehmen zu suchen hat?
- Wollen Sie bei Ihren Chefs/Aufsichtsräten immer ein perfektes Bild abgeben?
- Haben Sie die Einstellung, dass Ihre Chefs/Aufsichtsräte sowieso keinen Einblick haben und somit nur mit dem „gefüttert" werden sollen, was sie hören wollen?
- Haben Sie schon Personen als „Bauernopfer" über die „Klinge" springen lassen, um Ihre eigene Haut zu retten?
- Ist die selektive Informationspolitik für Sie ein wichtiges Instrument?

7.8 Falsche Rücksichtnahme

Wer die Management-Literatur und die Führungskräfteentwicklungsseminare über einen längeren Zeitraum betrachtet, wird feststellen, dass es immer wieder Modeerscheinungen gibt. Der Welle der Rationalisierung folgte die Welle der Humanisierung, in der die zwischenmenschlichen Beziehungen im Unternehmen besonders betrachtet und gepflegt wurde.

Der Führungsstil, der von sehr viel Menschlichkeit geprägt ist, kann als starke Mitarbeiterorientierung bezeichnet werden. Dabei werden den Menschen und dem Menschlichen oberste Priorität eingeräumt. Der Unterstützung und Förderung des Einzelnen wird breiter Raum gegeben. Die Kommunikation wird besonders gepflegt und ist freundlich und mehr oder weniger stark mitfühlend. Dieses Verhalten wird vom Vorgesetzten gezeigt, wenn er die Zuneigung der Mitarbeiter gewinnen will oder Sorge hat, das Vertrauen zu verlieren.

Nachteilig ist zu viel Menschlichkeit beim Problemlösen, weil häufig Konflikte zugunsten einer guten Atmosphäre vermieden werden. Lösungen und Aktionen bleiben auf der Strecke. Da Kontrollen häufig fehlen, können Steuerungsmaßnahmen nicht eingesetzt werden. Eine Führungskraft, die zu viel Menschlichkeit pflegt, nimmt eher die Rolle eines Betreuers und nicht die eines Managers ein. Sachliche Lösungen haben durch die Überbetonung der emotionalen Seite keine Chance. Nicht selten verbergen sich dahinter Führungskräfte, die die rauen Zeiten von Wirtschaftskrisen noch nie erlebt haben. Sie sind es nicht gewohnt, schlechte Nachrichten zu überbringen. Sie können nur sehr schwer Kündigungen aussprechen und auch andere, damit verbundenen Aktivitäten, wie zum Beispiel die Rücknahme eines Dienstwagens, die Kontrolle der Arbeitsübergabe oder Freistellung von der Arbeit abwickeln. Sie spüren selbst die negativen Emotionen derjenigen, die durch diese Entscheidungen Nachteile erfahren werden. Unerfahrene Führungskräfte können sich manchmal selbst nicht genügend abgrenzen und erleben die Gefühle ihres Gegenübers als ihre eigenen. Diese nicht gerade angenehmen Aufgaben überlässt eine unsicherer Führungskraft daher häufig der Personalabteilung.

Ein typisches Beispiel: Im Rahmen einer Turnaroundberatung haben wir festgestellt, dass der größte Lieferant eines Unternehmens viel zu hohe Preise forderte. Wir wiesen den Geschäftsführer auf das erhebliche Einsparvolumen hin. Leider wurden keine Preisnachverhandlungen geführt. Grund war, der Vertriebsleiter des Lieferanten war der Schwiegersohn des Geschäftsführers. Diesen wollte er nicht „an die Wand spielen".

Falsche Rücksichtnahme ist oft das größte Problem in Krisensituationen. Um niemandem „weh zu tun", werden „faule Kompromisse" geschlossen. Letztendlich wurde es allen Recht gemacht – um den Preis, dass die Firma Pleite ist. Konkursverwalter bestätigen uns immer wieder, dass sie oft eigentlich den Job machen, den der Geschäftsführer oder Vorstand tun sollte. Die Konkursverwalter haben hingegen den Vorteil, dass sie nicht im „sozialen Netz" von persönlichen Beziehungen gefangen sind und somit eher sachliche Entscheidungen sowohl auf personeller Ebene als auch auf Umfeldebene treffen können.

Fragen zur Selbstreflexion

▶ Tun Sie sich schwer, unangenehme Entscheidungen zu treffen?
▶ Haben Sie großes Verständnis für die Probleme Ihrer Mitarbeiter?
▶ Kennen Sie die private Situation der Mitarbeiter? Nehmen Sie bei Ihren Entscheidungen darauf Rücksicht?
▶ Scheuen Sie Konfliktsituationen?
▶ Delegieren Sie gerne unangenehme Entscheidungen?
▶ Können Sie die Gefühle Ihres Gesprächspartners nachempfinden?
▶ Sind Sie in Situationen zu großzügig?

7.9 Mangelnde Konsequenz

Krisen zu erkennen, ist das eine – Maßnahmen zu ihrer Bewältigung definieren, das andere. Ideen und Lösungsansätze zu diskutieren, ist ein guter Schritt in die richtige Richtung. Die schwierigen Schritte sind jedoch die praktischen Maßnahmen. Woran es oft mangelt, ist die entsprechende Konsequenz in der Umsetzung. Die meisten Turnarounds scheitern nicht, weil die Probleme nicht angegangen wurden, sondern weil die entsprechende Konsequenz in der Umsetzung fehlte. Entscheidungen werden getroffen, sobald aber Widerstand entsteht, werden diese wieder revidiert oder so verwässert, bis sie nicht mehr den notwendigen Effekt haben.

In Krisensituationen gibt es ein interessantes Phänomen, das als „Zwischenhoch" bezeichnet werden kann. Durch das Verkünden der angespannten Situation legen sich alle Mitarbeiter „richtig ins Zeug". Es werden Rückstände aufgearbeitet, der Vertrieb hakt noch mal bei alten Kunden nach, die Buchhaltung mahnt säumige Zahler an. Diese Maßnahmen führen dazu, dass sich die Situation im Unternehmen offensichtlich wieder entspannt. Die Liquidität verbessert sich. Der Auftragsbestand steigt und auch der Umsatz hat sich durch das Abarbeiten der Rückstände gebessert. In solchen Momenten neigen viele Führungskräfte dazu, den gerade eingeschlagenen Kurs wieder zu verlassen und ins normale Fahrwasser zurückzukehren. Eine gefährliche Fehlentscheidung, die viele Unternehmen in eine Existenzkrise bringt.

Die erwähnten Maßnahmen sind von sehr kurzfristiger Natur. Ist diese „stille Reserve" aufgebraucht und wird die Zeitspanne nicht für eine grundlegende Sanierung der Firma aufgewendet, so wird die Rettung des Unternehmens zeitlich herausgezögert und thematisch schwierig!

Fragen zur Selbstreflexion
- Neigen Sie dazu, sich nach ersten Erfolgen auf der sicheren Seite zu sehen?
- Sind Sie oft zu Kompromissen bereit?
- Ertappen Sie sich, dass Sie delegierte Maßnahmen zu wenig kontrollieren?
- Haben Sie oft wenig Überblick über den Stand von vereinbarten Aktionslisten mit Ihren Mitarbeitern?
- Ändern Sie oft Ziele und Vorgaben, ohne abzuklären, was mit den bisherigen Ergebnissen geschieht?

7.10 Abheben

In den meisten Unternehmen nehmen Ziele einen großen Raum ein. Nicht nur das Unternehmen benennt Ziele, die Bereiche formulieren ihre Ergebnisziele und sogar mit allen Mitarbeitern werden nicht selten Zielvereinbarungen getroffen. Bei so viel Zielorientierung sollte man annehmen, dass das Arbeiten reibungslos funktioniert und die Erfolge nicht auf sich warten lassen. Fatalerweise ist die Realität ganz anders. Oft werden die Ziele verfehlt, um zweistellige Prozentsätze unterschritten oder gar im Laufe des Jahres völlig geändert.

Bei unseren Einblicken in die Unternehmen fiel in diesem Zusammenhang ins Auge, dass zwei große Fehler immer wieder auftreten. Einerseits werden Ziele formuliert, ohne dass die realen Bedingungen wie finanzielle Ressourcen, Arbeitszeitvolumen etc. beachtet wurden. Dieses sind dann keine Ziele, sondern Visionen oder Wünsche. Bei einer Zielformulierung darf der „Boden der Tatsachen" nicht verlassen werden. Wer dennoch Ziele propagiert, ohne gleichzeitig die Wege und Bedingungen zu bestimmen, der „hebt ab".

Obwohl in den letzten Jahrzehnten das Führen mit Zielen Hochkonjunktur hatte, darf nicht übersehen werden, dass die Überbewertung von Zielen, die in vielen Fällen Visionen sind, zu ganz erheblichen Nachteilen in einer Unternehmensentwicklung führen kann.

Ein kleines Telekommunikationsunternehmen, das regional in 2 Bundesländern tätig war, wurde vom Vorsitzenden auf die Idee eines bundesweiten Unternehmens getrimmt. Der Wunsch war vorhanden, die Ressourcen keineswegs. Der Größenwahn nahm damit seinen Lauf, es wurden Investitionen in Millionenhöhe getätigt, Personal eingestellt und Werbeaktionen begonnen. Jede auch nur mittelmäßig wirtschaftende Hausfrau hätte sagen können, dass die Ausgaben gegenüber dem Eigenkapital in unverhältnismäßiger Relation standen. Allerdings hatte der Konzern, zu dem das Unternehmen gehörte, sich immer wieder vormachen lassen, dass ein bundesweit agierendes Unternehmen die großen Umsätze und auch Gewinne irgendwann erbringen würde, so dass immer wieder Finanzspritzen in Millionenhöhe gegeben wurden. Das ging so lange, bis auch der Konzern in wirtschaftliche Schwierigkeiten geriet.

Völlig abgehoben von der Realität war das visionäre und wenig wirtschaftliche Denken bei der Auktion der UMTS-Lizenzen. Es galt, dabei zu sein, koste es, was es wolle. Dass nach den immensen Lizenzkosten noch nicht ein Euro für Investitionen aufgebracht war, spielte bei den verantwortlichen Managern zunächst keine Rolle. Wir konnten erleben, dass ausschließlich der Gewinn im Fokus stand. Risiken, technische Probleme oder Vermarktungshindernisse waren völlig ausgeblendet.

In manchen Führungsseminaren oder der einschlägigen Management-Literatur wird sogar empfohlen, statt mit Zielen mit Visionen zu führen. Diese Anregung hat sicherlich Vorteile, die sich auf die Selbstständigkeit, Selbstverwirklichung und Motivation der Mitarbeiter auswirkt, dennoch liegen massive Gefahren darin. Insbesondere dann, wenn die Vision weit an der Realität vorbeigeht. Keine Führungskraft kann Engagement zeigen und kein Mitarbeiter kann motiviert arbeiten, wenn nicht eine Idee oder ein Ziel vorhanden ist, wohin es im Berufsleben gehen soll. Die Richtung gibt den Anstoß, sich einzusetzen. Wenn jedoch die Träume so hoch sind, dass der Weg unüberwindlich und die Zielerreichung unmöglich wird, dann ist das Abheben kontraproduktiv, es frustriert und demotiviert bis zur Resignation.

So paradox es klingt: Besonders gefährdet sind in Krisensituationen die bisher erfolgreichen Manager, die bisher sehr anspruchsvolle Ziele erreicht haben. Diese Führungskräfte wollen oft nicht wahrhaben, dass sich eine Entwicklung nicht so einstellt, wie sie es sich wünschen. Anstelle einer Anpassung oder Revidierung der Ziele wird der Spruch „jetzt erst recht" oder „Augen zu und durch" propagiert. Diese Unternehmen „knallen dann mit Tempo 200 gegen die Betonwand" – meistens sehr überraschend für den Markt und das Umfeld, da bis zur letzten Sekunde das Unternehmen intensiv gearbeitet und ein hohes Maß an Zuversicht ausgestrahlt hat.

Oft haben es insbesondere die erfolgreichen Führungskräfte verlernt, ihre Ziele permanent zu hinterfragen und anzupassen. Dies kann in Krisenzeiten gravierende Konsequenzen haben!

Fragen zur Selbstreflexion

- Haben Sie Ziele oder Wünsche?
- Sind Ihre Ziele oft allgemein gehalten?
- Kennen Sie die Rahmenbedingungen, unter denen Sie Ziele erreichen können?
- Haben Sie das Gefühl, dass Sie als Optimist gesehen werden?
- Sind Sie gezwungen, Ziele öfter anzupassen?
- Neigen Sie dazu, an unrealistischen Zielen festzuhalten, obwohl alle Vorzeichen dagegen sprechen?

7.11 Verdrängen/Fluchtverhalten

Manchmal sind die Botschaften, die ein Mensch bekommt (zum Beispiel Kündigung, Konkurseröffnung etc.), so dramatisch, dass eine regelrechte Schreckreaktion des Körpers folgt. Puls, Atmung, ja sogar das Bewusstsein können kurzfristig aussetzen. Aber es müssen nicht diese extremen körperlichen Reaktionen sein, die eintreten. Angst kann auch lähmend wirken, indem der Puls erhöht ist, die Pupillen erweitert sind und die Atmung schnell und schwer wird. Dies sind physiologische Reaktionen, die der Körper zur Verfügung hat, um mit schwierigen Situationen fertig zu werden. Mit den oben beschriebenen Symptomen des Körpers wird ein physiologischer Prozess eingeleitet, der entweder einen Angriff oder die Flucht vorbereitet. In beiden Fällen muss in kürzester Zeit den Muskeln ermöglicht werden, schnell und kraftvoll zu agieren.

Ob der Angriff oder die Flucht gewählt wird, hängt von der Situation und vom Menschen selbst ab. Hält er sich für fit und überlegen, kann er einen Angriff wagen. Fehlen ihm jedoch Ideen, wie er gewinnen könnte, dann wird eher die Flucht angetreten. All das sind Verhaltensweisen, die zum Teil auf Reflexen beruhen und daher nicht bewusst steuerbar sind, sie sind vielmehr eine entwicklungsgeschichtlich alte Reaktion, die das Überleben sichert.

Heutzutage sind die körperlichen Kämpfe oder Fluchten weniger geeignet, um mit Schwierigkeiten fertig zu werden. Es gilt stattdessen, seine Gefühle in Schach zu halten und geschickt, überlegt, diplomatisch und weitsichtig zu handeln. Nicht immer und nicht jedem gelingt das. Gerade dann, wenn Lösungen nicht schnell verfügbar sind, wenn keine Handlungsalternativen bekannt sind, wenn die Folgen Angst machen und wenn dann noch das Zutrauen in die eigenen Fähigkeiten fehlt, dann ist Flucht die beste aller Lösungsmöglichkeiten.

Jeder kennt dies von sich selbst. Unangenehme, negative Dinge werden gerne verschoben oder vertagt. Das Verdrängen ist ein Phänomen, das viele Menschen tagtäglich anwenden, um mit dem Druck, der auf ihnen lastet, fertig zu werden. Das Verdrängen ist die psychische Form der Flucht, des Wegrennens vor dem Problem. Verdrängen oder vor den Problemen flüchten bedeutet nicht automatisch nichts tun. Ganz im Gegenteil. Es kann sogar sein, dass manche Menschen in Hyperaktivität verfallen. In der Regel machen sie jedoch alles, nur nicht das, wovor Sie davonrennen. Sie stürzen sich noch mehr in die Arbeit, laden sich andere wichtige Termine auf oder entdecken auf einmal, wie wichtig es wäre, sich mehr um die schon lange Zeit vernachlässigte Familie zu kümmern.

Fluchtverhalten im Management, besonders in Zeiten sich anbahnender Krisensituationen, kommt häufiger vor, als bisher bekannt ist. Wenn wir in Coachinggesprächen die Terminkalender von Führungskräften in Krisensituationen analysieren, ist beachtlich, wie oft die unbewussten Verdrängungsmechanismen wirken. Nebenkriegsschauplätze füllen ganze Wochen im Kalender aus, so dass – welch eine Überraschung – für die wichtigen, aber unangenehmen Themen kaum bis gar keine Zeit mehr vorhanden ist.

In einem Gespräch wird schnell das brisanten Thema umgangen und zu Unverfänglichem gewechselt. Alle Aspekte, die auf das Negative hinweisen, werden aus dem Sprachgebrauch verbannt und Personen, die mit dem, was Angst macht, zu tun haben, lädt man nicht mehr zu Besprechungen ein oder drängt sie zurück. Gelegentlich wird auch schon mal jemand aus diesem Grunde versetzt – wenn möglich ins Ausland. Hier ist es nicht nur die Person selbst, die flüchtet, sondern sie organisiert alles so, als sei das Problem gar nicht mehr vorhanden und initiiert somit einen kollektives Verdrängen.

Fragen zur Selbstreflexion

- Ertappen Sie sich oft dabei, unangenehme Entscheidungen zu verdrängen?
- Haben Sie das Gefühl, von der Verantwortung erdrückt zu werden?
- Tun Sie sich schwer, die richtigen Prioritäten zu setzen?
- Haben Sie das Gefühl, fremdgesteuert zu sein?
- Welches sind Ihre beliebten Ausweichmanöver?
- Schlafen Sie schlecht?
- Haben Sie psychosomatische Störungen oder Erkrankungen?

7.12 Reparaturdenken

Ein Problem, das wir häufig in Krisensituationen beobachten, ist das so genannte Reparaturdenken. Wir erleben, dass das Management hauptsächlich „an den Symptomen" arbeitet. Stimmt der Umsatz nicht? Dann müssen wir dem Vertrieb wohl mehr Druck machen! Vielleicht ist der Umsatzeinbruch aber das Symptom für eine überalterte Produktlinie? In diesem Fall kann zwar die Aktivierung von Vertriebsmaßnahmen kurzfristig etwas „Beruhigung" bringen. Der langsame Verfall des Unternehmens ist jedoch vorprogrammiert!

Es ist sicherlich nicht verwunderlich, dass ein Manager den Wald manchmal vor lauter Bäumen nicht mehr sieht. Zu viele Themen hat er im Kopf zu haben und an vielen Baustellen muss er oft gleichzeitig arbeiten. Dennoch – der Fehler im Reparaturdenken ist nicht die Überforderung, sondern das oberflächliche Tun. Es soll alles möglichst schnell wieder funktionieren und kein weiterer Gedanke soll an Probleme verschwendet werden.

Viele Problemlösungen beheben nur die Symptome, nicht jedoch die Probleme. Das geschieht, wenn eine Maschine wegen Störungsmeldung stehen bleibt, die Gründe für die Störung aber nicht gesucht werden, sondern man den Störungsmelder ausschaltet, um die Stückzahlen der Schicht unbedingt zu erreichen. Und es geschieht auch in Konfliktsituationen, in denen nicht die Kontrahenten an einen Tisch geholt werden, um den Konflikt zu klären, sondern durch Aktennotizen oder durch formale Regelungen die sachliche Ebene bzw. die Sachlage so geregelt wird, dass es zukünftig weniger Berührungspunkte gibt. Eine kurze Reparatur, ob sie nachhaltig hilft, das steht nicht zur Debatte.

Reparaturverhalten ist oft der Vorbote von Krisen. Wird zu lange gewartet, um an die grundsätzlichen Probleme heranzugehen, bleibt oft keine Zeit mehr, dieses zu tun, wenn die Lage im Unternehmen ernst wird!

Fragen zur Selbstreflexion

▶ Hinterfragen Sie, warum die Probleme entstanden sind?
▶ Machen Sie wenig Ursachenforschung?
▶ Erleben Sie sich oft in Situationen, in denen Sie sagen, „probieren wir es mal"?
▶ Gehen Sie davon aus, „wenn Sie nichts mehr hören, wird es jetzt schon okay sein"?
▶ Sind Sie selten an der Basis, um sich ein Bild der Situation zu machen?
▶ Erleben Sie das schnelle Regeln von Problemen als einen Erfolg Ihrer Arbeit?

8. Lebensskript und Krise

Der Erfolg oder Misserfolg einer Führungskraft hängt aus unserer Sicht sehr stark von der Persönlichkeitsstruktur dieses Menschen ab. Nachdem wir bisher eher plakativ typische Symptome von eher schädlichen Verhaltensmustern in Krisen geschildert haben, wollen wir das Phänomen von Verhaltensmustern nochmals vertiefen. Nur eine Person, die versteht, wie sie handelt und warum sie so handelt, ist in der Lage, entsprechend ihr Verhalten bewusst und zielgerecht zu steuern.

Von Grundannahmen der Tiefenpsychologie ausgehend, werden langfristige und komplexe Muster im Denken, Fühlen und Handeln eines Menschen, die über das ganze Leben hinweg konstant bleiben, Lebensskript genannt. Dieses Skript wirkt wie das Rollenbuch eines Schauspielers. Es gibt dem Menschen, der dieses Skript im Laufe seiner Sozialisation – also während der Kindheit im Elternhaus – entwickelt hat, Hinweise darüber, wer er selbst ist, wie die anderen sind und wie die Welt ist. Für ein kleines Kind sind elterliche Gebote, Verbote, Prinzipien und Regeln absolut. Denn bis zum sechsten oder siebten Lebensjahr hat ein Kind wegen seines noch nicht stark genug entwickelten Denk- und Erkenntnisvermögens keine Möglichkeit, diese Prinzipien und Regeln zu bewerten und sich bewusst damit auseinanderzusetzen.

Noch als Erwachsene – auch im reifen Alter – befolgen wir unbewusst viele dieser elterlichen Botschaften in allen Lebenssituationen. Zum Teil wirken solche unterstützend, wenn zum Beispiel von den Eltern der Spruch: „Lass Dir nur Zeit" übernommen wurde. Andere wirken einengend und belastend, wie zum Beispiel „Nur wer schuftet, hat Erfolg".

Sein eigenes Skript besser kennen zu lernen und sich bewusst zu werden, welche belastenden und einengenden Normen und Regeln das eigene Handeln beeinflussen, sind extrem wichtige Schritte in Richtung Selbsterkenntnis. Nur wer in der Lage ist, zu verstehen, warum er so agiert, wie er es tut, kann sinnvoll gegensteuern und situationsgerecht handeln.

Bis zu einem gewissen Grade ist es jedem Menschen möglich, selbst zu erforschen, welche Botschaften er übernommen hat und welche sein Entscheiden und Handeln noch heute einengen:

▶ Welches waren die Erwartungen und Ängste der Eltern Ihnen gegenüber? („Du wirst mal was ganz Großes werden!")

▶ Welche Lebensregeln haben Sie sich eingeprägt? („Der Klügere gibt nach!")

▶ Welche direkten Verhaltensanweisungen haben Sie sich zu Herzen genommen? („Sei immer freundlich zu den Nachbarn!")

▶ Welchen Verwünschungen und Glückwünschen haben Sie geglaubt? („Aus dir wird nie etwas Rechtes!")

▶ Welche Etiketten haben Sie übernommen? („Du bist und bleibst unordentlich!")

Zunächst sind Grundpositionen im Skript enthalten, die besagen, ob jemand – grob gesagt – okay oder nicht okay ist, also das Richtige macht oder nicht. Daraus wird dann später das Erleben eines Gewinners oder Verlierers. Nun ist es nicht so einfach zu sagen, wer die Botschaft „Nicht-okay" in seinem Skript hat, sei ein Verlierer. Manchmal sind es gerade die Verlierer, die versuchen, mit aller Macht sich selbst zu beweisen, dass dies nicht der Fall ist. Sie beginnen, Rekorde aufzustellen, Ungewöhnliches bewältigen zu wollen und streben danach, immer besser als andere zu sein. Wer unter einem solchen Skript lebt, wird im Berufsleben sehr risikoreich arbeiten und alles daran setzen, sich vor anderen hervorzuheben. Hier liegen vielleicht einige Ursachen, warum manche Manager große Visionen entwickeln und ungewöhnliche Wege gehen, um als Gewinner zu gelten.

Je nach Ausdifferenzierung des Skripts kann es in der Tat zu ungewöhnlichen Erfolgen kommen. In der Regel jedoch sind die Aktionen, die auf einem negativen Skript gründen, so wenig an der Realität orientiert, dass es eher vorkommt, dass der große Manager, der mit den ersten kurzfristigen Erfolgen zunächst als Held gefeiert wurde, tief abstürzt, wenn langfristig die Flops zutage treten. Dann hat sich letztendlich die Skriptbotschaft „Verlierer" wieder erfüllt. Alles, was zuvor geschah, war nur der vergebliche Versuch, sich von der Grundüberzeugung, nicht okay zu sein, zu befreien.

Führungskräfte, die mit einer Okay-Botschaft leben, können es aushalten, auch mal einen Misserfolg zu haben, denn sie wissen um die Realität. Sie laufen keinen Tagträumen hinterher oder bauen Luftschlösser. Wer sich selbst und sein Umfeld realistisch einschätzt, weiß dass neben den erwünschten Erfolgen auch Korrekturen, Rückschritte und Fehler vorkommen können. Menschen mit einem Okay-Skript können Fehler eingestehen, ohne dadurch das innere Gleichgewicht zu verlieren.

8.1 Die Antreiber in unserem Kopf

Eric Berne, der Begründer der psychologischen Richtung der Transaktionsanalyse, beschreibt 1972 Skriptbotschaften, die das Leben eines Menschen mehr oder weniger bestimmen. T. Kahler und H. Capers (1974) ergänzen das Konzept der Antreiber und weisen auf fünf grundlegende „elterliche" Forderungen hin, die besonders in unserer

Leistungsgesellschaft wirksam sind. Die so genannten Antreiber unterstützen das Lebensskript, indem sie bei deren Befolgung ein Okay-Gefühl vermitteln.

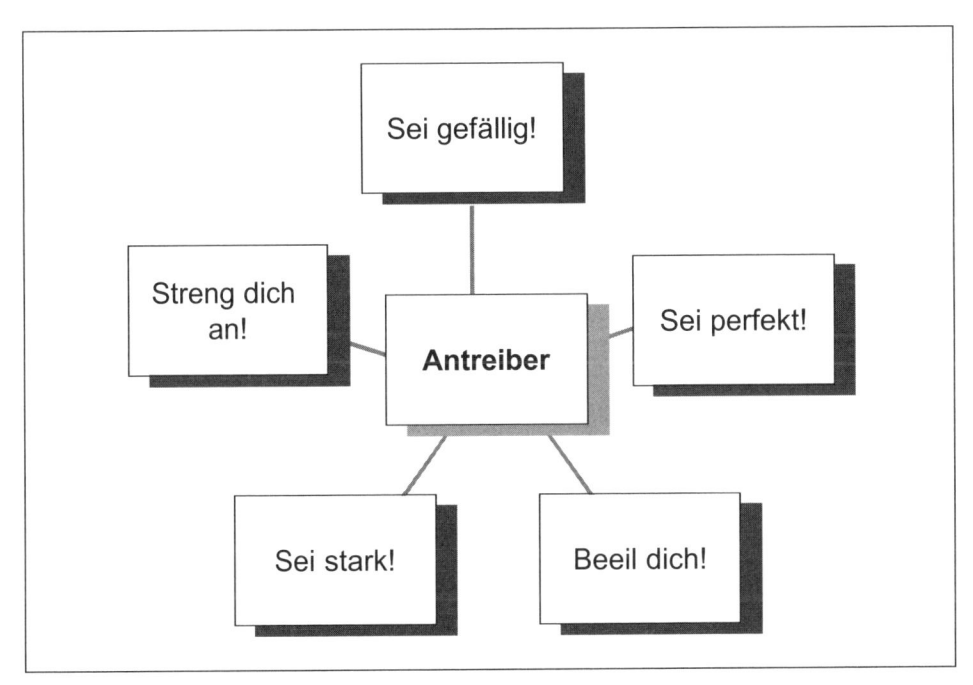

```
                    ┌─────────────┐
                    │ Sei gefällig!│
                    └─────────────┘
                           │
  ┌──────────┐      ┌─────────────┐      ┌─────────────┐
  │ Streng dich│────│  Antreiber  │──────│ Sei perfekt!│
  │    an!   │      └─────────────┘      └─────────────┘
  └──────────┘        ╱         ╲
              ┌─────────────┐  ┌─────────────┐
              │  Sei stark! │  │  Beeil dich!│
              └─────────────┘  └─────────────┘
```

Abbildung 6: Psychologische Antreiber

„Sei perfekt"
(innerer Glaubenssatz: „Ich bin nicht gut genug.")

Hier geht es nicht um das Erreichen eines hohen Standards, sondern darum, dass gefühlsmäßig im Leben nichts als gut genug erlebt wird. Dieser Antreiber verlangt Perfektion, Vollkommenheit und Gründlichkeit in allem, was getan wird. Jemand wird mit seinen Aufgaben nicht fertig, da er das „Makelentdecken" am Fertigen fürchtet. Da Fehler in diesem Glaubenssatz etwas Schreckliches sind, wird viel Energie in Rechtfertigung und Nachbesserung verschwendet.

Als Kommunikator wirkt jemand mit diesem Antreiber überdetailliert, oberlehrerhaft und trocken. Der Antreiber ist ein Aufruf zur Übererfüllung der Ziele und gleichzeitig eine Warnung, „fünf gerade sein zu lassen". Menschen mit dem Perfekt-Antreiber sind in der Regel, was ihren Lebensvollzug und ihr Denken anbelangt, sehr gut organisiert und können beispielsweise leicht komplexe Systeme begreifen oder bedienen. Bei der Flugsicherung und im Operationssaal sind solche Personen unerlässlich. Wichtig ist, darauf zu achten, dass diese Tugend in einem Maß gelebt wird, das die Menschlichkeit nicht verloren gehen lässt.

„Beeil dich" oder „Schau immer vorwärts"
(innerer Glaubenssatz: „Ich werde nie fertig werden.")

Hier finden sich die Manager, die zwar nicht wissen, wo sie hin wollen, aber schon kräftig voranstürmen. Die Schnellschüsse übertönen das unakzeptable Gefühl, nicht alles unter Kontrolle zu haben. Gespräche finden in einer Stimmung wie „zwischen Tür und Angel" statt, eine produktive Gelassenheit stellt sich nicht ein. Wichtige Informationen bleiben unausgesprochen, da viele Gesprächspartner nicht ausreichend Zeit erhalten, um sich zu öffnen. Dieser Antreiber ist Anlass, alles rasch zu erledigen, auch rasch zu antworten, rasch zu sprechen, rasch zu essen. Er ist ein Aufruf zur Hektik und zum Verlassen der Gegenwart und häufig eine verborgene Warnung, anderen zu nahe zu kommen.

„Beeil-dich-Menschen" können kurzfristig auf hohem Aktivierungsniveau leistungsfähig bleiben und dies auch bei hoher Situationskomplexität. Sie entwickeln sogar eine gewisse Lust, sich auf diesem Niveau zu halten. Diese Menschen wünscht man sich auf der Notfallstation oder bei Crashs im EDV-System.

„Sei in jeder Lage stark" oder „Beiss auf die Zähne"
(innerer Glaubenssatz: „Niemand darf merken, dass ich schwach bin.")

Dieser Antreiber besagt: Sich niemals eine Blöße geben, Vorbild sein, Haltung bewahren, eiserne Konsequenz zeigen und am besten alles allein durchstehen, nur keine fremde Hilfe in Anspruch nehmen, nach der Devise „wir lösen unsere Probleme selber". Schlechte Nachrichten werden so lange verdrängt, bis es für optimale Lösungen zu spät ist. Typisch für diesen Antreiber ist das Verhalten eines Geschäftsführers, der bis zum Tag der Konkurseröffnung gute Miene zum bösen Spiel macht und sich dann das Leben nimmt. „Sei-stark-Menschen" können kurzfristig situativ hohe Leistungen erbringen. Sie haben einen Sinn für kraftvollen Umgang mit Aufgaben und genügend Widerstandskraft und Kampfgeist, Dinge voranzubringen, auch wenn es schwierig ist. Dieser Antreiber ist ein Aufruf zum Heldentum und eine Warnung davor, Gefühle zu zeigen oder traurig zu sein.

„Sei gefällig"
(innerer Glaubenssatz: „Ich muss es allen immer recht machen.")

Bei diesem Antreiber ist der andere immer wichtiger als man selbst. Wer unter diesem Antreiber steht, fühlt sich dafür verantwortlich, dass die anderen sich wohlfühlen. Er kommt den anderen entgegen; denn es ist ihm wichtig, von anderen geschätzt zu werden und beliebt zu sein. Wer von diesem Antreiber geprägt ist, vermeidet es, sich darüber klar zu werden, was er eigentlich selbst will. Es wird viel versprochen, um Konflikte zu vermeiden, dann aber wenig gehalten. Die Kommunikation ist nett, aber oberflächlich und diffus. Viel Energie wird auf den Versuch verwendet, die innersten Wünsche des anderen zu erraten und sich dann diesen in vorauseilendem Gehorsam anzupassen – oder – in der Gegenanpassung trotzig und egoistisch zu sein. Dieser Antreiber ist ein Aufruf zur Freundlichkeit und zum „Frieden". Zudem ist er eine Warnung vor Konflikten und eine Ermahnung, ja keine eigenen Bedürfnisse anzumelden. Die Tugend des „Sei-gefällig-Menschen" ist seine soziale Wahrnehmung, die ihm ermöglicht, auf die Bedürfnisse anderer im Prozess einzugehen. Er kann sehr sensibel für Gruppenprozesse, soziale Stimmungen und Reaktionen sein. Diese Fähigkeit erleichtert ihm, sich an andere Menschen und Systeme anzukoppeln.

„Streng dich an"
(innerer Glaubenssatz: „Ich muss mich wenigstens bemühen.")

Wer diesem Antreiber folgt, macht aus jedem Auftrag ein „Jahrhundertwerk". Und er versucht, auch andere dazu zu bringen, dass sie sich mit ihm zusammen bemühen. Wer unter dem Einfluss dieses Antreibers steht, folgt dem Aufruf „Nur nicht lockerlassen". Es ist darin auch die Warnung enthalten, sich gehen zu lassen. Diesen Antreiber kann man gut daran erkennen, dass jemand häufig mehrere Fragen gleichzeitig stellt oder auf eine Frage sehr umständlich antwortet, oft ohne die Frage tatsächlich zu beantworten. Bei Erledigung von Aufgaben wird oft der langwierigste und umständlichste und damit anstrengendste Weg gewählt. In der Arbeit fallen viele Überstunden an, doch häufig wird am falschen Thema gearbeitet. Oft wird eine Kleinigkeit am Anfang übersehen, die dann kurz vor Schluss dafür sorgt, dass man – wie Sisyphus – wieder von vorne anfangen muss (kann). Hier wird die Kommunikation bestimmt von Jammern und Stöhnen. Die Stimmung wird dumpf und teilweise bedrohlich. Tugenden der „Streng-dich-an-Menschen" sind ihr Durchhalte- und Beharrungsvermögen. Gerade in Zeiten, in denen alles „easy" gehen muss und bei der geringsten Mühe „weitergezappt" wird, können sie mit einer angemessenen Beharrlichkeit Dinge ausrichten. Sie verfolgen Aufgaben mit Beständigkeit und haben den nötigen Sinn für Gründlichkeit und Ausdauer. Sie sind nicht lustgesteuert. Eine nötige Mühsal kann für sie sogar zum stillen Genuss werden. Diese Menschen stehen für die Nachhaltigkeit von Realität dort, wo sie gebraucht wird.

Seitenverkehrte Antreiber

Manchmal werden Antreiber sozusagen seitenverkehrt gelebt. Dann muss jemand schlampig arbeiten, sich im Schneckentempo bewegen, als Jammerlappen durch die Gegend ziehen, sich überegoistisch zeigen oder Ergebnisse nur auf einem illegalen „mühelosen" Weg anstreben. Eine solche Haltung entwickelt sich aus Trotz, sie kann aber auch den ersten Schritt zur Relativierung des gewohnten Antreibers anzeigen.

Bei den Botschaften des Skriptes ist entscheidend, dass sie unbewusst oder nur teilweise bewusst sind und somit einer Realitätsprüfung nicht unterzogen werden. Sie sind als „So bin ich und so ist die Welt!" zu Weltbildern geworden, nach denen der Mensch sein Leben lang, wenn er nicht bewusst daran arbeitet, sich selbst unbewusst steuert.

Wie kann die schädliche Macht der Antreiber reduziert werden?

Diese Werte der Antreiber an sind ja nicht schlecht und auch nicht zu verdammen. Schlecht hingegen ist, wenn diese Werte gelebt werden, um die eigene Gefühlswelt in Ordnung zu halten, wenn diese Leitsätze ungeachtet der tatsächlichen Bedingungen und der jeweiligen Situation unbedingt verfolgt werden. Dann werden sie zu neurotischen Mustern, die die Wahrnehmung und die Einschätzung von Erfolgsaussichten, Risiken und Gefahren und das eigenen Handeln trüben.

Zuerst heißt es hinsehen und analysieren, bei welchen Gelegenheiten welcher Antreiber aktiviert wird. Dann bewusst machen (das geht nur, wenn man ein inneres Warnsignal bekommt) und den gewohnten Ablauf unterbrechen. In einer persönlichen Beratung oder Therapie die eigenen, gesunden Grundüberzeugungen stabilisieren, um die Antreibermacht abzuschwächen und das schädliche Verhalten auszulöschen.

Wer mit diesem Wissen um die Antreiber Management-Entscheidungen beobachtet, wird überrascht feststellen, wie stark sie kriterienbildend sein können, als Argumente in die Entscheidungsfindung einfließen und damit die Entscheidung beeinflussen.

In gleichem Maße, wie Menschen Antreiber haben, können auch Unternehmen unter solchen Antreibern stehen. Diese werden häufig vom Unternehmensgründer selbst geprägt, der wie „ein guter Vater" seine Botschaften den Nachfolgern hinterlässt. Wenn sich die Umweltsituation im Verlauf der Jahre oder Jahrzehnte verändert, können solche Gründerbotschaften für ein Unternehmen schädlich sein.

Erlaubnisse

In der Beratung, im Coaching oder in der Therapie können so genannte Erlaubnisse erarbeitet werden. Erlaubnisse oder Erlauber sind beraterische oder heilende Möglichkeiten, um die Antreiber in ihrer Heftigkeit und in ihrer Destruktivität zu entschärfen. Sie sind wie Lizenzen (wie ein Führerschein), man darf sie benutzen, aber man muss nicht:

▶ Jeder macht Fehler, ich auch und kann aus ihnen lernen. Ich bin gut.
▶ Ich darf mir die Zeit nehmen, die ich brauche. In der Teamarbeit stimme sie mit anderen ab.
▶ Ich darf offen sein für Zuwendung und auch für Konfrontation. Ich darf Hilfe holen.
▶ Ich darf mich selbst und meine Bedürfnisse ernst nehmen. Ich bin okay, auch wenn jemand unzufrieden mit mir ist.
▶ Ich darf locker und zielorientiert arbeiten. Ich darf erfolgreich sein und Erfolge genießen.

8.2 Der Antreibertest oder: Worauf Sie als Führungskraft bei sich selbst achten sollten

Um sich selbst zu führen, ist es wichtig, sich darüber im Klaren zu sein, durch welche Antreiber man beeinflusst wird. Nur durch die Kenntnis dieser Antreiber ist die Führungskraft in der Lage, in Krisensituationen situationsadäquat zu handeln und nicht ein „Getriebener" seines unbewussten Lebensskripts zu werden.

Sollten Sie sich nach der Lektüre der 5 Antreiber noch nicht über Ihre eigenen Antreiber in Klaren sein, bieten wir Ihnen an, folgenden kleinen Test durchzuführen. Er ermöglicht zu erkennen, ob der eine oder andere Antreiber stark ausgeprägt ist. Bitte beantworten Sie die Fragen mit:

☺ „Aussage trifft voll auf mich zu"
😐 „weder noch" bzw. „sehr abhängig von der Situation"
☹ „Aussage trifft nicht auf mich zu"

1. Ich versuche meinen Kollegen gegenüber immer freundlich zu sein. ☺ 😐 ☹
2. Ich erledige Aufgaben lieber selber, da ich nicht weiß, ob andere sie wirklich gewissenhaft angehen. ☺ 😐 ☹
3. Viel Arbeit macht mir keine Angst. ☺ 😐 ☹

4. Der Berg an Arbeit wird nie wirklich kleiner. Manchmal komme ich mir vor wie „Sysiphus". ☺ 😐 ☹
5. Zeit ist Geld. Die Zeit ist zu kurz, um sie zu verplempern. ☺ 😐 ☹
6. Ich mag es nicht, wenn Menschen immerzu jammern. Anpacken ist die Devise! ☺ 😐 ☹
7. Wenn ich aufgeregt bin, versuche ich nach außen eher „cool" zu wirken. ☺ 😐 ☹
8. Wenn ich mal die Dinge etwas lockerer angehe, während andere arbeiten, bekomme ich Schuldgefühle. ☺ 😐 ☹
9. Ich habe einen Blick dafür, wenn andere Fehler machen. Das fällt mir sofort auf. Ich werde auch gerne als „Korrekturleser" angefragt. ☺ 😐 ☹
10. Ich lehne Unordnung ab, im Büro, zu Hause oder wo auch immer. Ich brauche Ordnung, um mich wohlzufühlen. ☺ 😐 ☹
11. Anerkannt und geliebt zu werden, das ist für mich fast das Wichtigste im Leben. ☺ 😐 ☹
12. Wenn ich warten muss, werde ich sehr ungeduldig. ☺ 😐 ☹
13. Es fällt mir schwer Aufgaben abzulehnen. Insbesondere dann, wenn das Gegenüber wirklich ein Problem hat. ☺ 😐 ☹
14. Ich plane meine Termine sehr knapp. Dann komme ich oft in Stresssituationen und unter Termindruck. ☺ 😐 ☹
15. Ich versuche bei Projekten alle Eventualitäten zu betrachten. Lieber etwas zu viel geplant als zuwenig. ☺ 😐 ☹
16. Fehler zu machen, ist für mich sehr unangenehm. Ich ärgere mich dann immer und nehme mir vor, das nächste Mal besser aufzupassen. ☺ 😐 ☹
17. Ich fühle mich sehr unwohl, wenn andere unfreundlich und abweisend zu mir sind. ☺ 😐 ☹
18. Ich habe es gelernt, weitgehend selbständig zurechtzukommen. Man muss auch als Einzelperson bestehen können. Hilfe nehme ich selten in Anspruch. ☺ 😐 ☹
19. Ich achte sehr auf Kleinigkeiten. Der Teufel steckt nämlich meistens im Detail! ☺ 😐 ☹

20. Wenn Leute lange reden, werde ich ungeduldig. Ich werde dann nervös und beschäftige mich nebenbei mit anderen Sachen. ☺ 😐 ☹

21. Ich bin nie um eine Antwort verlegen. Selbst wenn ich die Antwort nicht weiß, ziehe ich mich meistens sehr gut aus der Affäre. ☺ 😐 ☹

22. Die viele Arbeit erdrückt mich manchmal. Die viele Arbeit belastet mich dann schon. ☺ 😐 ☹

23. „Quick and Dirty" bzw. 80/20 Lösungen sind eher meine Devise. ☺ 😐 ☹

24. Ich sorge dafür, dass ich auf alle Eventualitäten vorbereitet bin. ☺ 😐 ☹

25. Ich habe ein gutes Sensorium für die Empfindungen der Menschen in meinem Umfeld. ☺ 😐 ☹

26. Oft habe ich so viel zu tun, dass ich gar nicht weiß, wo ich eigentlich beginnen soll. ☺ 😐 ☹

27. Sich trotz Stress in der Arbeit weiterzubilden ist wichtig! Ich muss versuchen immer „State of the art" in meinem Job zu sein. ☺ 😐 ☹

28. In Konfliktsituationen gebe ich lieber nach. ☺ 😐 ☹

29. Wenn ich die Kontrolle verliere, überkommt mich ein Gefühl der Machtlosigkeit. ☺ 😐 ☹

30. Ich achte immer auf passende Kleidung. Das passende Outfit ist eine wichtige Visitenkarte. ☺ 😐 ☹

31. Oft geht es mir so, dass ich mich in Sackgassen verrenne und noch einmal von vorne anfangen muss. ☺ 😐 ☹

32. Ich möchte nichts verpassen. Meine Abende sind oft verplant. ☺ 😐 ☹

33. Oft habe ich das Gefühl, dass andere mich wie einen Richter ansehen, vor dem sie ihre Meinungen rechtfertigen müssen. ☺ 😐 ☹

34. Den ganzen Tag nichts zu machen halte ich nicht aus. Auch im Urlaub bin ich eher aktiv unterwegs. ☺ 😐 ☹

35. Mein Motto: „Der Klügere gibt nach". ☺ 😐 ☹

36. Ich werde mit Menschen, die umständlich und langsam sind, immer ganz kribbelig. Da mache ich die Arbeit lieber selber. ☺ 😐 ☹

37. Wenn ich nicht fertig werde, mache ich – wenn es sein muss – auch unbezahlte Überstunden. ☺ 😐 ☹

38. Wenn ich etwas tue, sind meine Gedanken schon zwei Schritte weiter. ☺ 😐 ☹

39. Auch wenn ich verärgert oder deprimiert bin, versuche ich gute Laune auszustrahlen. Meine persönliche Stimmungslage zu zeigen, wäre unprofessionell. ☺ 😐 ☹

40. Mich interessiert so vieles. Leider ist ein Leben dafür viel zu kurz! ☺ 😐 ☹

41. Andere um Hilfe zu bitten, ist oft ein Zeichen von Unvermögen. Es gibt viel zu viele Schmarotzer! ☺ 😐 ☹

42. Oft halte ich mich mit meiner Meinung zurück. So wichtig sind meine Beiträge doch nicht! ☺ 😐 ☹

43. Oft stelle ich fest, dass meine Arbeitsergbnisse noch besser hätten sein können, wenn ich mehr Zeit gehabt hätte. ☺ 😐 ☹

44. Betrüger gibt es überall. Ich bin eher vorsichtig mit Vertrauensvorschuss. ☺ 😐 ☹

45. Das Wohl anderer ist mir wichtig! ☺ 😐 ☹

46. Körperliche Beschwerden verdränge ich gern. Zähne zusammenbeißen und durch! ☺ 😐 ☹

47. Ich leiste einiges mehr als jeder andere in meiner Abteilung! ☺ 😐 ☹

48. Oft fühle ich mich verletzt, wenn andere nicht sehen, wie viel ich für sie mache. ☺ 😐 ☹

49. Ich lege Wert auf vollständige Information, bevor ich mit einem Vorgang anfange, damit ich nichts übersehe. Ich will verhindern, dass mir hinterher jemand einen Vorwurf machen kann. ☺ 😐 ☹

50. Ich gerate leicht in Stresssituationen. ☺ 😐 ☹

51. Es kann vorkommen, dass ich mich manchmal ganz schlaff fühle. Da muss ich aber selber durch. ☺ 😐 ☹

52. Manchmal fühle ich mich etwas ausgebrannt. So ein Ausstieg auf eine Karibikinsel hätte auch was für sich! Meistens überwiegt dann wieder die Vernunft und ich klotze wieder ran. ☺ 😐 ☹

53. Ich finde immer wieder Gelegenheiten, bei denen ich anderen eine Freude machen kann. Das ist mir auch sehr wichtig! Und es kommt immer gut an! Dafür werde ich als guter Kollege und Chef sehr geschätzt. ☺ 😐 ☹

54. Ich bin in dem, was ich tue, korrekt und genau. Nur qualitativ gute Arbeit zahlt sich langfristig aus! ☺ 😐 ☹

55. Emotionen versuche ich zu verbergen. ☺ 😐 ☹

56. Es gibt Leute, denen ich schon viele Gefallen getan habe. Habe aber oft nichts zurückbekommen. Denen zeige ich jetzt die kalte Schulter! Die sollen schon sehen, was sie an mir hatten! ☺ 😐 ☹

57. Nur so untätig herumzusitzen, liegt mir einfach nicht! Ich habe immer eine Beschäftigung. ☺ 😐 ☹

58. Ich achte sehr genau darauf, was ich esse. Gute Zutaten, am besten selbst zubereitet, garantieren guten Geschmack und gesunde Ernährung! ☺ 😐 ☹

59. Mich kann nichts so leicht aus dem Konzept bringen. Wenn andere schon hysterisch werden, habe ich noch ganz ruhig den Überblick! ☺ 😐 ☹

60. „Ohne Anstrengung, kein Vergnügen"! ☺ 😐 ☹

61. Ich habe noch so viel vor! Wie soll ich das nur alles schaffen? Das Leben ist viel zu kurz für alle Ideen, die ich habe. ☺ 😐 ☹

62. Wenn ich eine Verhandlung habe, bereite ich mich sehr gewissenhaft vor. Ich gehe meistens auch mal in die Gegenposition, um auch auf diese Argumente vorbereitet zu sein! ☺ 😐 ☹

63. Ich finde es gut, wenn ich mehr weiß als meine Kollegen. Mir fallen aber auch immer wieder Lücken bei mir auf, die ich dann umgehend nachkorrigiere. ☺ 😐 ☹

64. Viele meiner Kollegen arbeiten zu wenig. Wenn ich nicht so schaffen würde, ginge in dieser Abteilung gar nichts mehr! ☺ 😐 ☹

65. Wenn ich mich nicht beeile, sind andere vielleicht schneller fertig. Ich muss Gas geben! ☺ 😐 ☹

Auswertung

In folgender Tabelle finden Sie die entsprechende Zuordnung der Fragen zu den jeweiligen Antreibern. Kreuzen Sie bitte die Fragen, die Sie als „zutreffend" gekennzeichnet haben an und summieren Sie dann die jeweiligen Werte auf.

84 Führen in Krisenzeiten

Antreiber	Antworten mit ☺ der Frage mit der Nr.												Summe pro Zeile
Sei stark	6	7	15	18	21	24	29	41	44	46	51	55	59
Sei perfekt	2	9	10	16	19	27	30	33	49	54	58	62	63
Sei gefällig	1	11	13	17	25	28	35	39	42	45	48	53	56
Beeil dich	5	12	14	20	23	32	36	38	40	50	57	61	65
Streng dich an	3	4	8	22	26	31	34	37	43	47	52	60	64

Tragen Sie die Summenzahlen der jeweiligen Antreiber in folgende Tabelle ein und zeichnen Sie eine Art Balkendiagramm. (Siehe Beispiel)

Antreiber	1	2	3	4	5	6	7	8	9	10	11	12	13
Sei stark	▓	▓	▓	▓	▓	▓							
Sei perfekt	▓	▓											
Sei gefällig	▓	▓	▓	▓	▓	▓	▓	▓	▓				
Beeil dich	▓	▓											
Streng dich an	▓	▓											

Ihre Auswertung:

Antreiber	1	2	3	4	5	6	7	8	9	10	11	12	13
Sei stark													
Sei perfekt													
Sei gefällig													
Beeil dich													
Streng dich an													

Gefahren für Manager in Krisensituationen bezogen auf Antreiber:

Starke Ausprägung des „Sei-stark"-Antreibers

Gefahren:
Es besteht bei Ihnen die Gefahr, dass Sie Hilfe zu spät in Anspruch nehmen. Sie versuchen, die Probleme alleine zu schultern und gehen das Risiko ein, durch die Situation überfordert zu werden.

Empfehlung:
Ziehen Sie gute Berater und Kollegen in Ihre Überlegungen mit ein. Sie werden feststellen, dass Sie das stark entlastet und neue Ideen und Anregungen für den Turnaround entstehen.

Starke Ausprägung des „Sei-perfekt"-Antreibers

Gefahren:
Es besteht bei Ihnen die Gefahr, dass Sie sich im Detail verlieren und die große Linie aus den Augen verlieren. Sie wollen Pläne bis ins Detail ausarbeiten und lassen zu langwierige Analysen durchführen, die Ihnen wertvolle Zeit kosten. Bis Sie wissen, wo die Probleme wirklich liegen, ist das Unternehmen vielleicht schon insolvent.

Empfehlung:
Lassen Sie sich mehr auf 80/20-Analysen ein und korrigieren Sie später nach. Sehen Sie einen Turnaround eher als „Prozess" an, in dem immer wieder neue Erkenntnisse auftauchen, die dann zu gegebener Zeit verarbeitet werden. Beschleunigen Sie die Vorhaben hinsichtlich Ihres Zeitgefühls.

Starke Ausprägung des „Sei-gefällig"-Antreibers

Gefahren:
Es besteht bei Ihnen die Gefahr, dass Sie zu viel Verständnis für die Probleme der Menschen in Ihrem Unternehmen haben, und Sie bestimmte notwendige und harte Entscheidungen nicht treffen werden. Die Fürsorge für Ihre Mitarbeiter kann dann das ganze Unternehmen gefährden.

Empfehlung:
Machen Sie sich bewusst, dass harte Maßnahmen letztendlich den übriggebliebenen Mitarbeitern zugute kommen. Falls Sie merken, dass Sie diese Schritte nicht professionell gehen können, lassen Sie einen Kollegen oder Berater die „Drecksarbeit" machen.

Starke Ausprägung des „Beeil-dich"-Antreibers

Gefahren:
Es besteht bei Ihnen die Gefahr, dass Sie in Panik geraten und in operative Hektik ausbrechen. Sie schieben eine Vielzahl von Maßnahmen (die sich sogar teilweise widersprechen können) an und kommen nicht dazu, diese sorgfältig nachzuhalten. Dadurch entsteht bei Ihren Mitarbeitern ein Gefühl der Überforderung und der Orientierungslosigkeit.

Empfehlung:
Priorisieren Sie die Maßnahmen. Bei Ihnen ist „entschleunigen" angesagt. „Rom wurde auch nicht an einem Tag erbaut", sollte Ihre Devise werden!

Starke Ausprägung des „Streng- dich-an"-Antreibers

Gefahren:
Es besteht bei Ihnen die Gefahr, dass Sie die „Daumenschraube" zu stark anziehen. „Das faule Pack sollte was schaffen!", könnte ein typischer Ausdruck sein. Durch zu hohen Druck kann es passieren, dass Sie Leistungsträger unterwegs verlieren, weil sie aussteigen. Des weiteren sollten Sie darauf achten, dass Sie sich nicht auf die falschen Themen stürzen und sich dann dort „verlieren".

Empfehlung:
Übertragen Sie nicht Ihre Leidensfähigkeit auf die anderen. Sprechen Sie Ihrem Umfeld Mut zu. Entlasten Sie zwischendurch wichtige Leistungsträger. Regeneration ist ebenso wichtig wie die Arbeit.

8.3 Abwertungen/Discounts

Nachdem bereits die Antreiber bzw. Einstellungen eines Menschen als lange überdauernde Grundüberzeugungen identifiziert wurden, ist noch ein weiteres psychisches Phänomen bei der Früherkennung von Krisen oder Problemen entscheidend. Es sind die unbewusst wirksamen Ausblendungen in der Wahrnehmung. Probleme entstehen nicht allein durch das Auftreten von objektiven Tatsachen, sondern sie werden erst zu Problemen, wenn sie von einem Beobachter als Probleme definiert werden.

Werden jedoch Sachverhalte nicht wahrgenommen und nicht für wichtig erachtet, wird dies als Abwertung bezeichnet. Durch Abwerten brauchen Sie das eigene System nicht in Frage zu stellen und können passives Verhalten beibehalten. Am häufigsten werden Informationen, Rahmenbedingungen, Fähigkeiten, Probleme und Lösungsmöglichkeiten missachtet oder ausgeblendet.

Wie kann es dazu kommen? Probleme sind immer das Auseinanderfallen von Wunsch- oder Planvorstellungen und den tatsächlich auftretenden Situationen. Diese Diskrepanz zwischen Ist und Soll hat teilweise massive Auswirkungen auf andere Soll-Faktoren. Ursprünglich geplante Maßnahmen können durch das Nicht-Eintreten des Planes falsch oder gar schädlich werden. Meistens müssen die Zielvorstellungen des ursprünglichen Planes korrigiert und Folgeaktionen verändert werden.

Eine Krise wird erst zur Krise, wenn sie aufgrund ihrer Indikatoren auch als solche erkannt und bezeichnet wird. Also ist die kognitive Zuschreibung von Signalen und von wirksamen Stellgrößen entscheidend für die Lösung und Bewältigung der Situation. Gerade im Wirtschaftsleben haben die positiv redefinierten Sachverhalte die Oberhand und die Beachtung von negativen Signalen sind eher die Seltenheit. Beobachtet man die Management-Reaktionen auf Krisen, kann rückblickend sehr schnell gesagt werden, dass erste Signale oder Hinweise, die auf einen krisenhaften Verlauf hingewiesen haben, nicht gesehen wurden. Es ist so, als wären diese Signale nie vorhanden gewesen. Das legt die Vermutung nahe, die Aufmerksamkeit des Managements sei eingeschränkt oder getrübt gewesen. Hier liegt ganz sicherlich ein wichtiger Grund, weshalb die negativen Entwicklungen in Unternehmen und sogar in ganzen Branchen derartig zunehmen.

Beim individuellen Falsch-Beurteilen von Fakten und Indikatoren lassen sich 4 unterschiedliche „Schweregrade" oder auch Ebenen erkennen. Allen Ebenen ist gemeinsam, dass einzelne Faktoren abgewertet oder heruntergespielt werden.

Abwerten durch Nicht-Wahrnehmen

Die schwierigste Ebene ist die Ebene des Nicht-Wahrnehmens. Wer die Zeichen der Zeit nicht sieht, wird auch keinerlei Anstalten machen, um irgendwelche Lösungen herbeizuführen. Ein Manager oder ein Verantwortlicher nimmt überhaupt nicht wahr, dass es Hinweise für negative Entwicklungen gibt. Er ist stattdessen felsenfest davon überzeugt, dass es keinerlei bedenkliche Signale gibt.

Das Nicht-Sehen-Wollen von Schwierigkeiten kann einerseits bewusst von der Führungskraft initiiert werden. Das Augenmerk wird auf die Vorteile, auf die möglichen Gewinne und auf den damit verbundenen Status-Zuwachs gelegt. Unweigerlich geraten die Nachteile, die Risiken, die Kosten und die negativen Folgen in den Hintergrund. Solche Denkgewohnheiten sind in der Wirtschaft üblich und keineswegs ungewöhnlich.

Andererseits ist das Nicht-Beachten von Signalen auch Folge von psychischen Prozessen auf unbewusster Ebene. Der psychische Apparat lässt unangenehme Dinge, Situationen und Gefühle nicht ins Bewusstsein dringen. Die Gründe, warum manche Themen und Gefühle verdrängt werden, sind individuell in der Seele und der Entwicklung des Einzelnen verankert. Nicht selten sind es komplexe innerseelische Prozesse, die jeglichen Misserfolg oder die Möglichkeit des Scheiterns schon bei den ersten Anzeichen verleugnen.

Das Nicht-Wahrnehmen kann sich auf objektive Daten von äußeren Signalen (Umsatzzahlen, Wettbewerbsverhalten) aber auch auf Vorboten aus dem eigenen Unternehmen beziehen. Dies ist häufiger der Fall, wenn es sich um Bereiche handelt, die im eigenen Unternehmen unangenehmen Reaktionen erfordern. Die Kostenentwicklung zu bremsen oder Personal zu entlassen sind für Führungskräfte wenig attraktive Aufgaben. Dann ist es zunächst scheinbar die einfachste „Lösung", gar nicht erst die Probleme zu sehen, weil dann keine Aktionen folgen müssen.

Abwerten durch Herunterspielen der Bedeutung

Der zweite „Schweregrad" ist der, dass die Vorboten einer Krise zwar gesehen, aber als nicht relevant gedeutet werden. Wenn kein Handlungsbedarf definiert wird, werden weder die Entscheider daran arbeiten, noch haben dann die Mitarbeiter die Möglichkeit, Änderungen herbeizuführen. Das Herunterspielen eines Problems kann zum Beispiel im Lügen und Schönreden beobachtet werden.

Abwerten durch Herunterspielen der allgemeinen Lösbarkeit

Im Falle des drittschwersten Grades der Abwertung werden zwar die Probleme wahrgenommen, auch wird die Relevanz gesehen, allerdings wird die Lösbarkeit nicht gesehen bzw. eine Lösung angezweifelt. Dies trifft häufig zu, wenn zum Beispiel die allgemeine Konjunktur verantwortlich gemacht wird, an der der einzelne Manager relativ wenig ändern kann. „Wir sind halt in einer Rezession und da müssen wir schon froh sein, nicht mehr Verluste einzufahren, als wir es zur Zeit tun!", könnte eine typische Aussage sein.

Abwerten durch Herunterspielen der persönlichen Lösbarkeit

Die vierte und niedrigste Stufe des Ausblendens ist die, dass alle vorherigen Aspekte zwar gesehen werden, also das Problem, die Bedeutsamkeit des Problems und dessen Lösbarkeit aber die eigenen Anteile an den Lösungen nicht wahrgenommen werden. Im beruflichen Kontext werden die eigenen Anteile an der Verursachung oder Verschärfung von problematischen Situationen keineswegs gerne gesehen.

Sollten sie dennoch wahrgenommen werden, so ist es nicht selten, dass die Führungskräfte dieses mit sich selbst abmachen und sehr genau darauf achten, dass kein Außenstehender die „Schuld" öffentlich macht. Es wird alles daran gesetzt, eine „weiße Weste" zu behalten und keine Verantwortung für das Problem zu übernehmen oder zugewiesen zu bekommen.

Dieses Wegschieben von Verantwortung dient einerseits psychisch dem eigenen Selbstwertgefühl. Ein zu hohes Maß an Misserfolgsattribuierung ist selbstwertschädigend und fördert Depressionen. Andererseits ist das Betrachten und Eingestehen von eigenem Dazutun zur krisenhaften Entwicklung eine wichtige Voraussetzung, um aus Fehlern oder falschem Verhalten zu lernen.

1.Stufe: Wahrnehmung	**Den Reiz oder das Problem abwerten (den Reiz nicht wahrnehmen).** ▸ Ich bemerke die schlechten Ergebnisse nicht. ▸ Ich merke gar nicht, dass ich zu spät zur Arbeit komme. ▸ Ich übergehe den Abgabetermin für mein Angebot.
2. Stufe: Bedeutung	**Die Bedeutung des Reizes, des Problems abwerten.** ▸ Ich definiere die schlechten Ergebnisse als „vorübergehend". ▸ Es ist doch nicht schlimm, dass ich zu spät komme. ▸ Es macht doch nichts, wenn Herr X das Angebot erst nächste Woche bekommt.
3.Stufe: Lösungsmöglichkeit	**Lösungsmöglichkeiten des Reizes, des Problems abwerten.** ▸ Ich gehe davon aus, dass die allgemeine Situation in der Wirtschaft der Grund ist und keine Handlungsalternativen vorhanden sind. ▸ Morgens sind die Straßen so verstopft, dass man einfach nicht früher hier sein kann. ▸ Es geht eben nicht schneller, gut Ding will Weile haben.
4. Stufe: Eigene Möglichkeiten	**Persönliche Lösungsfähigkeit abwerten.** ▸ Als Abteilungsleiter habe ich sowieso nicht die Möglichkeit etwas zu verändern. ▸ Ich schaffe es einfach nicht, früher aufzustehen. ▸ Ich habe immer so viel zu tun; außerdem ist das eben nicht mein Spezialgebiet.

Abbildung 7: Übersicht der Abwertungsstufen

In Wirtschaftsunternehmen können Krisensituationen einerseits durch die verschiedenen Arten der Abwertung hervorgerufen werden oder andererseits durch diese Abwertungen in der Bewältigung stark eingeschränkt sein. Wie an anderer Stelle beschrieben, beeinflussen außerdem Stressoren die Wahrnehmung und das Denken. Wen wundert es, dass die vielen Managementtechniken und -methoden in ihrer Wirksamkeit stumpf werden, wenn derartige, zum Teil gar nicht bewusste Einflussgrößen, eine so entscheidende Rolle spielen.

Beachtenswert ist, dass das konkrete Arbeiten an einer der unteren Stufen nicht hilfreich ist, wenn auf einer der oberen Stufen abgewertet wurde. In welchem Unternehmen werden Projekte zugelassen, die die betriebsinterne Lösbarkeit zum Thema haben, während das Management das Problem zwar sieht, jedoch die Bedeutung heruntergespielt? Der Nutzen dieses Modells ist, dass Veränderungen immer von den hohen Abwertungsstufen herunter zu den niedrigeren hin erfolgen müssen. Es wird nicht gelingen, an Lösungen der Krise zu arbeiten, wenn das Problem oder seine Relevanz nicht gesehen werden. Das ist ein Problem, das tagtäglich in Organisationen auftritt.

In Unternehmen kommt erschwerend hinzu, dass die verschiedenen Gruppen oder Subgruppen auf den unterschiedlichen Ebenen abwerten. Der Betriebsrat sieht sehr häufig Probleme, die dann von der Geschäftsleitung unter dem Druck des Erfolges abgewertet werden. Andererseits können Manager schneller die Gefahren von Produktinnovationen der Wettbewerber am Markt sehen als vielleicht die Mitarbeiter in der Produktion.

Wichtig bleibt, dass jeder für seinen eigenen Verantwortungsbereich über genügend Selbstreflexion und Perspektivenwechsel verfügt, um Abwertungen und Ausblendungen möglichst klein und gering zu halten.

8.4 Reflexion des eigenen Anteils am Krisengeschehen

Es ist eher selten, dass Betroffene darüber reflektieren, welchen eigenen Anteil sie am Entstehen einer Krise haben. Solche Misserfolgsattribuierungen sind eher in den Themenbereichen zu finden, in denen die Menschen sich selbst häufiger die Schuld an der Krise geben. Das passiert im privaten Bereich (zum Beispiel Scheitern einer Ehe, Probleme in der Kindererziehung).

Eine Besonderheit stellt die sich selbst erfüllende Prophezeiung dar, wobei jemand aufgrund von Vor-Urteilen oder bisherigen Erfahrungen davon ausgeht, dass ein bestimmter Sachverhalt oder ein Ereignis eintritt. Durch diese Vorannahme wird teilweise das eigene Verhalten und auch unbewusst die Randbedingungen so gestaltet, dass es wirklich zu dem erwarteten Ergebnis kommt. Dies ist zum Beispiel der Fall, wenn eine Führungskraft von einem Lösungsvorgehen nicht überzeugt ist. Dann wird sie unbewusst daran arbeiten, dass die Lösungsaktionen nicht zum Erfolg führen werden. Und das alles nur, um eine bereits vorgefasste Meinung bestätigt zu bekommen.

Ferner wird das Reflektieren darüber, wie man zum Beispiel zu Schlussfolgerungen kommt, ausgeblendet. Das Nachdenken über das eigene Denken überlässt man eher den Philosophen. Denn das Denken über das Denken könnte Zweifel aufwerfen und damit die eigenen Erkenntnisse infrage stellen. Dennoch können hier wichtige Hinweise liegen, wo Potenziale für die wichtigsten und tiefgreifendsten Verbesserungen liegen können.

Wir hoffen, Sie in diesem Kapitel angeregt zu haben, Ihre eigenen Denkstrukturen in Stresssituationen zu hinterfragen. Nur wenn Sie wenig abwerten und fast antreiberfrei sind, haben Sie gute Chancen, ein erfolgreicher Krisenmanager zu sein!

9. Dynamik von Krisen

Das Bekanntwerden von Krisen kann in einem Unternehmen entweder völlig überraschend geschehen, wie zum Beispiel bei Pressemitteilungen über Bilanzfälschungen oder die stufenweise Kommunikation durch die Geschäftsleitung. Jeweils nach diesen Formen der Nachrichten lassen sich auch die Reaktionen der Belegschaft einteilen.

Entwickelt sich zum Beispiel eine Absatzkrise sukzessive, sind zunächst die Vertriebsmitarbeiter informiert, die Bereichsleitung wird Maßnahmen ergreifen etc. Erst nach weitreichender Fehlentwicklung im Unternehmen werden weitere Bereiche wie zum Beispiel Wirtschaftsausschuss, Gesellschafter usw. informiert. Entsprechend dem Zeitverlauf von der Kenntnisnahme von betriebwirtschaftlichen Problemen sind auch die Reaktionen darauf zu verstehen.

Einen klassischen Verlauf von Krisen vorherzusagen ist sicher nicht möglich, da die Art der Krisenbewältigung sehr viel mit der Dynamik der Menschen, die zur Organisation gehören, zu tun hat. Wir erleben aber oft einen Verlauf, der aus 6 Phasen besteht.

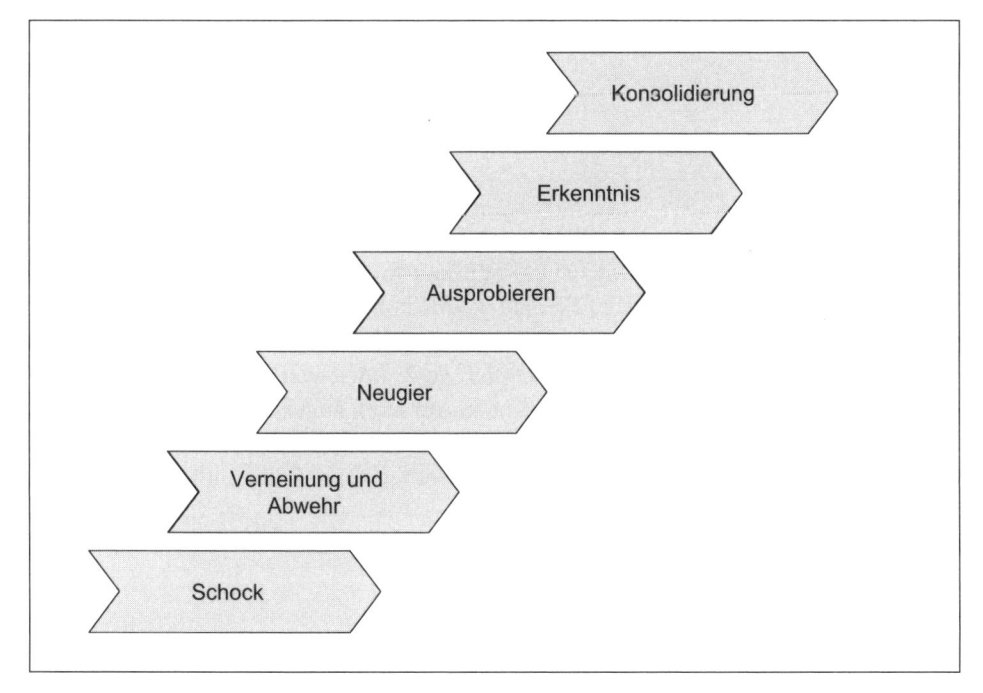

Abbildung 8: Phasen von Krisen

Schockphase

Zunächst reagieren die Menschen mit entsprechenden Gefühls- und Verhaltensweisen. Je unerwarteter die Nachricht von der Krise und je weitreichender angekündigte Gegenmaßnahmen sind, desto stärker wird die Schockphase erlebt. Es herrscht Irritation vor, weil die Orientierung, auf die sich die Führungskräfte und Mitarbeiter bisher bezogen haben, ihre Gültigkeit verloren hat. Professionelles Handeln wird durch Panikgefühle, Unsicherheit und Angst vor dem, was kommen wird, erschwert.

Verneinungs- und Abwehrphase

Das, was nun als Sanierungsmaßnahmen konzipiert und veröffentlicht wird, sowie die Aktionen, die begonnen werden, bringt viele Beteiligte im Unternehmen in eine Phase der Abwehr und der Verneinung. Zu viele Unwägbarkeiten löst die neue Situation aus, zu unklar ist das, was auf die Firma zukommt. Und vor allem: Zu ungewiss ist, welche Auswirkungen die neue Situation für den eigenen Arbeitsplatz haben wird. Werden sich Aufgaben verändern? Werden Versetzungen durchgeführt? Ist mit finanziellen Einbußen zu rechnen? Oder sind Arbeitsplätze gefährdet? Nicht selten wird in dieser Phase auch massiv Kritik an denen geübt, die man für diese Situation verantwortlich macht.

Neugierphase

Je weitreichender die Krisenbewältigungsmaßnahmen sind, je länger die Zeit der Sanierung andauert, umso mehr wächst bei Führungskräften sowie bei Mitarbeitern die Neugier. Vielleicht sind die ersten Erfolge bereits kommuniziert worden und das Vertrauen kehrt langsam wieder zurück. Es interessiert alle in der Firma, welche Maßnahmen besonders gut greifen. Und es interessiert auch, inwieweit das Management seine Aussagen eingehalten hat bzw. welche Kurskorrekturen angekündigt und auch umgesetzt worden sind. Mit der Neugier beginnt die aktive Orientierung auf etwas Neues hin, während gleichzeitig das Alte losgelassen werden kann. Frühere Pläne oder frühere Aktionen verlieren ihren Reiz.

Ausprobierphase

Spätestens, wenn die ersten Maßnahmen im eigenen Arbeitsbereich umgesetzt werden sollen, beginnt das Ausprobieren. Es wird konkret an den Neuerungen gearbeitet, seien es Einsparungen oder auch veränderte Abläufe. Je nachdem, wie weitgehend von den alten Idealen Abschied genommen wurde, so wird sich auch das Ausprobieren gestalten. Wer noch dem alten Unternehmen nachtrauert, wird sich schwer tun, nun die neue Richtung mitzutragen.

Erkenntnisphase

Mit einer nachfolgenden Erkenntnisphase werden die Sanierungsmaßnahmen nicht nur übernommen, sondern auch in ihrer Wirkung vielleicht verbessert oder schneller umgesetzt. Es wird deutlich, welches Fehlverhalten und welches Missmanagement zur Krise geführt hat. Ein wichtiger Lernprozesse tritt bei den Beteiligten ein.

Konsolidierungsphase

Die Konsolidierungsphase kann so aussehen, dass die Korrekturmaßnahmen als fortlaufendes Geschäft weitergeführt werden, weil sie sich als nutzbringend für den Unternehmenserfolg erwiesen haben.

Es kann auch sein, dass die vorherigen Aktionen nur einer kurzen Kurskorrektur dienten und nun zum Beispielzur früheren Finanzpolitik zurückgekehrt wird. Dies darf nur in den Fällen passieren, in denen die Krise sich auf eine von vornherein vorübergehende und eng abgrenzbare Schwierigkeit bezog.

Phasenwirrwarr

So einfach sich die Reaktions- und Verhaltensweisen von Führungskräften und Mitarbeitern auch beschreiben lassen, in der Praxis zeigt sich ein wahres Durcheinander. Derjenige, der gerade neu von den Problemen erfährt, befindet sich in einer anderen Phase als der, der die Fehlentwicklung bereits seit Monaten beobachtet hat. Auch reagieren Menschen, die Unternehmenskrisen, Konkurse und Sanierungen bereits erlebt haben, meistens gelassener als die, die damit erstmalig konfrontiert sind. Ferner verharren manche einerseits durch ihr eigenes Erleben, aber auch durch ihre Rolle, zum Beispiel Betriebsratsmitglieder, die besondere Aufgaben erfüllen, in einer Phase länger als andere.

Konkret sieht es so aus, dass die Belegschaft nicht eine einheitliche Masse mit einheitlichen Gefühlen oder Reaktionen ist. Es gibt zwar grobe Richtungen, das sind die oben beschriebenen Phasen, aber eindeutig lassen sich die Menschen darin nicht einsortieren. Dennoch bieten diese Phasen eine wichtige Hilfe im Umgang mit der Belegschaft. Widerstände, Ängste, Blockaden und scheinbar endlose Diskussionen werden damit verstehbar und auch besser handhabbar.

Eine weitere Schwierigkeit, die jedoch ebenfalls beachtet und bearbeitet werden kann, ist die Tatsache, dass Menschen bei Rückschlägen im Verlauf der Phasen auch auf eine frühere Phase zurückgehen können. Wenn die ersten Sparmaßnahmen nicht den gewünschten Einspareffekt hatten und neue Aktionen folgen, dann kann es sein, dass die Mitarbeiter mit Widerstand, Mistrauen oder Resignation reagieren. Dann wird es erforderlich sein, durch sensible Führung die Hilfen anzubieten, die die Menschen benötigen, um an der Sanierung mitzuarbeiten.

Umgang mit Menschen in den verschiedenen Phasen

Gerade Menschen, die sich im Schockzustand befinden, benötigen nicht nur die sachlichen Informationen über die Hintergründe der Krise (zum Beispiel Umsatzrentabilität, Betriebsergebnis), sondern auch die Hinwendung zu ihrer Gefühlslage. Um kein Missverständnis aufkommen zu lassen – es geht hier nicht darum, die Gefühle zu therapieren. Das Wichtigste in dieser ersten Phase ist es, den anderen glaubhaft zu vermitteln, dass man sie mit ihrem Denken und Fühlen wahrnimmt. Das Wahrnehmen ist nicht zu verwechseln mit bestärken oder gutheißen. Grundsatz ist und bleibt, wer nicht das Empfinden hat, gehört und verstanden worden zu sein, der wird auch bei Informationen über die Maßnahmen nicht zuhören und verstehen wollen.

Auch das mehrfache Gespräch – vielleicht sogar über die gleichen Inhalte – darf eine Führungskraft nicht abschrecken. Es gehört zu einem Job als Chef, in einer Krisensituation damit umzugehen. Am hilfreichsten sind persönliche Gespräche, Fragen nach den Befürchtungen des Mitarbeiters sowie sachliche und auch ehrliche Information über die Unternehmenslage sowie die Korrekturmaßnahmen. Aber es darf auch nicht vergessen werden, dass auch Führungskräfte nicht davor gefeit sind, bei Misserfolgen in die Phase des Widerstandes oder des Schocks zurückzufallen. Dann sollte Coaching helfen, damit die Resignation nicht an die Mitarbeiter weitergegeben wird.

Manchmal sind es jedoch auch ganze Gruppen, die in einer kritischen Firmensituation für Unmut sorgen können. Einerseits führt die unsicherer Situation im Unternehmen dazu, dass Menschen sich zusammenschließen. Anderseits kann in diesen Gruppierungen auch leicht eine Stimmung entstehen, die schnell in das übrige Unternehmen schwappen kann. Das ist zum Beispiel der Fall, wenn Mitarbeiter von Abteilungen, die geschlossen werden sollen, ihren Frust gemeinsam tragen und dann mit Gerüchten über weitere Entlassungen Unruhe ins Unternehmen bringen.

In einem Fall konnten wir erleben, dass ehemalige Mitarbeiter, die einerseits entlassen wurden und anderseits selbst gekündigt hatten, einen Stammtisch der Ehemaligen gründeten, an denen manchmal auch Noch-Mitarbeiter teilnahmen. Zeitgleich wurde auch eine Internetseite eingerichtet, auf der der Frust zum Teil sogar in sehr persönlicher Form öffentlich gemacht wurde – durch Mitarbeiter, die den Verlust des Arbeitsplatzes nicht überwunden haben, weil sie zum Teil unfaires Verhalten der Geschäftsleitung erlebt haben. Die Existenz dieser Gruppe und der Internetadresse führte im Unternehmen zu einer Polarisierung. Es gab Sympathisanten, die die seelischen Verletzungen der Ehemaligen verstanden, und es gab Entrüstete, die sich auf die Seite der Geschäftsleitung stellten und massiv gegen die Rufmordaktionen vorgehen wollten.

Solche Polarisierungen sind zu jedem Thema zu finden. Es gibt immer Gruppen, die für eine Sache und Gruppen, die gegen eine Sache sind. Meistens ist jedoch nicht das Thema entscheidend, sondern die Wirkung, die man auslösen will. Wer gegen die Geschäftsführung sein will, dem wird jedes Thema recht sein, wenn er damit „Gegenwind" mobilisieren und auslösen kann. Auch das ist zu beachten: Häufig geht es gar nicht um das Thema, über das gesprochen wird. Es geht um die Intention, die dahinter steckt. Es wird die Kunst einer jeden Führungskraft sein, sich nicht in endlose Machtkämpfe zu verwickeln, sondern den Prozess des Gespräches anzusehen und nicht die Inhalte. Diskussionen, die nur vordergründig inhaltliche Themen zum Anlass haben, erfüllen eine ganz andere Funktion, nämlich die der psychologischen Interessen, bei denen es um Macht, Opferrolle oder Schuldzuweisung geht, die im weiteren Kapitel unter „Mikropolitik" zusammengefasst sind.

9.1 Tipps zum Führen im Turnaround

„In Krisensituationen zu führen bedeutet, sich mit einer geballten Ladung an Sachthemen in einem aufgescheuchten Hühnerhaufen auseinander zu setzen", beschrieb ein Kollege seine Herausforderung in einer Unternehmenskrise. Das Erschwerende, besonders in Problemsituationen, ist die Tatsache, dass viele verschiedene Emotionen im Spiel sind, eine hohe Aufmerksamkeit und meistens nur sehr wenig Zeit vorhanden ist. Jeder Schritt der Geschäftsleitung wird besonders beäugt und von den Mitarbeitern hinterfragt und bewertet. Folgende 12 Tipps können Ihnen als Orientierung im Führen im Turnaround helfen:

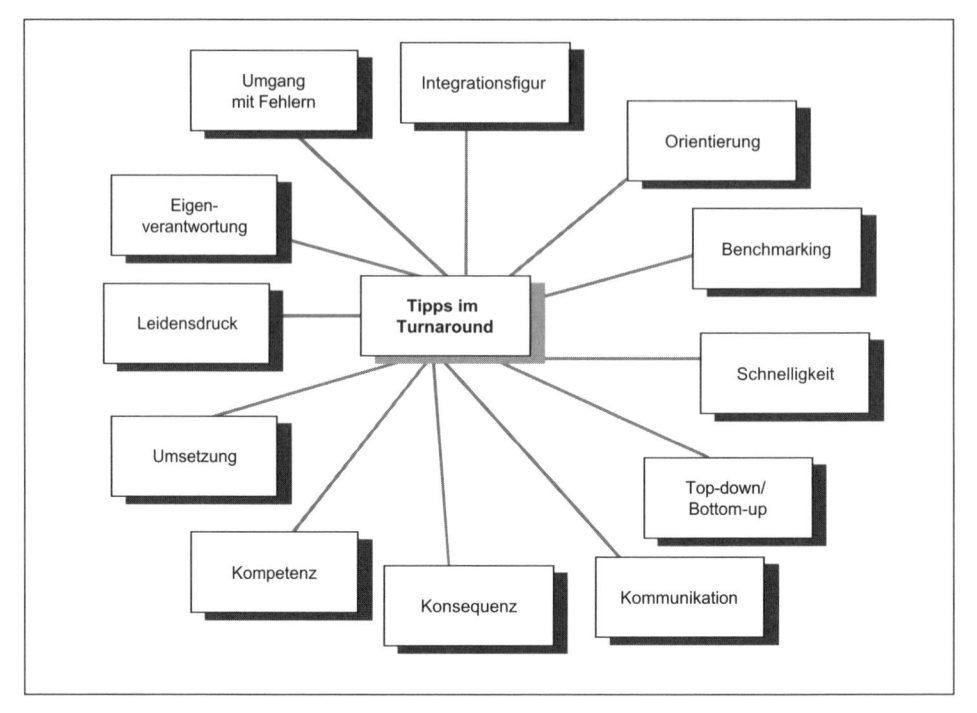

Abbildung 9: 12 Tipps zum Führen im Turnaround

Integrationsfigur

Die Energie und Willenskraft für den Turnaround muss von der Unternehmensspitze kommen. Es führt kein Weg daran vorbei, Vorstände und Geschäftsführer müssen geschlossen hinter dem Veränderungsprozess stehen. Leider gibt es nicht selten Querelen in der Unternehmensspitze. Machtkämpfe und Schuldzuweisen auf der oberen Ebene sind massiv unternehmensschädlich. Wenn in der Geschäftsleitung Mikropolitik betrieben wird, ist der Turnaround zum Scheitern verurteilt.

In professionellem Veränderungsmanagement ist es nicht schädlich, etwas Personenkult zu betreiben. Menschen brauchen eine Person, die sie als „Leader" durch die schweren Zeiten begleitet. Eine Vertrauensperson, die sich dem Erneuerungs- und Konsolidierungsprozess besonders verschrieben hat, fördert die Umsetzungsbereitschaft in der Belegschaft.

Orientierung

Mit den folgenden Leitsätzen verschaffen Sie sich selbst mehr Orientierung, was dann letztlich wieder den Mitarbeitern zu Gute kommt.

- Zeigen Sie als Führungskraft Richtungen auf und stiften Sie Sinn. Ohne Orientierung und Sinngebung werden die Mitarbeiter für die Entbehrungen, die von ihnen abverlangt werden, nicht zum Mitwirken überzeugt werden.
- Kümmern Sie sich nicht um Meinungen und Gerüchte, die im Unternehmen kursieren und versuchen Sie nicht, diese richtig zu stellen.
- Seien Sie kein Demokrat, der alles abstimmen will. Aber erklären Sie Ihren Mitarbeitern, wozu Sie die Entscheidungen in dieser Weise getroffen haben.
- Vermeiden Sie nicht die Verantwortung und verstecken Sie sich nicht hinter Mehrheiten.
- Tun Sie, was Sie tun müssen, und riskieren Sie dabei immer alles. Spielen Sie immer mit vollem Einsatz.

Benchmarking

Professionelles Benchmarking ist von grundlegender Bedeutung für die Optimierung in Unternehmen. Oft werden jedoch nur quantitative Daten verglichen. Viel wichtiger sind jedoch Vergleiche von Geschäfts- und Ablaufprozessen. Wir konnten erleben, dass Firmen hervorragende Resultate durch Benchmarking-Projekte erzielen konnte. Eingebettet in ein Projekt, konnten Führungskräfte und Mitarbeiter Prozessvergleiche sogar mit Firmen anderer Branchen durchführen. Die Ergebnisse brachten für alle Beteiligten Optimierungsansätze, die durch die eigene Betriebsblindheit verborgen geblieben wären. Fragen wie „Wieso sind die anderen besser als wir?", „Was machen die anderen anders?", „Wo können wir vom Wettbewerber lernen?" bringen neue Impulse und Verbesserungen in die Firma.

Schnelligkeit

Jeder Tag, der keine Problemlösung bringt, schadet dem Unternehmen. Die Schwierigkeiten, die mit einer Unternehmenskrise zusammenhängen, nehmen durch Verzögerungen zu. Daher ist Geschwindigkeit Trumpf: Je schneller, desto besser.

Beeilen Sie sich mit Ihren Aktivitäten, ohne jedoch planlos zu werden. Schaffen Sie vollendete Tatsachen. Fehlende Schnelligkeit gibt Skeptikern und Gegnern mehr Zeit, sich neu aufzubauen. Jack Welch, ehemaliger CEO bei General Electric, sagte in einem Interview: „My biggest mistake by far was not moving faster. Everything should have been done in half the time. I was too cautious and too timid."

Top-down – Bottom-up

Eine klare Zuständigkeit und eine eindeutige Richtung sind für das Krisenmanagement unerlässlich. Für den Tournaround kommen die Ziele von oben, die Arbeit aber von unten. Die Ziele müssen sauber formuliert und deutlich kommuniziert werden. Nur dann wird die Belegschaft von den Zielen überzeugt sein und die Umsetzung mittragen. Viele Aktionspläne und Prozesse scheitern nicht an der großen Linie, sondern durch die Vorgaben im Detail. Sie brauchen mitdenkende Mitarbeiter, die von dem Grobkonzept überzeugt sind und die Umsetzung an die Gegebenheiten anpassen.

Kommunikation

Die Relevanz und die Dringlichkeit des Turnarounds muss allen Beteiligten deutlich sein. Sie sollten als Führungskraft viel Wert auf regelmäßige und umfassende Information ihrer Mitarbeiter legen. Es gibt immense Fehlerquellen und Missverständnisse durch Fehlinformationen. Das „Geraderücken" von falschen Informationen ist nur schwer möglich und gelingt in vielen Fällen gar nicht.

Nehmen Sie sich immer wieder aufs Neue Zeit, um Ihr Umfeld von Ihren Überlegungen zu überzeugen. Hier noch ein Zitat von Jack Welch: „You've got to be out in front of crowds, repeating yourself over and over again, never changing your message no matter how it bores you."

Konsequenz

Seien Sie nicht zaghaft in Ihrem Willen zur Umsetzung von Maßnahmen. Viele Aktionen und Prozesse scheitern daran, dass die Schritte nur halbherzig gegangen werden. Es ist besser, zu Beginn der Maßnahmen mit mehr Nachdruck aufzutreten und stärker zu kontrollieren. Bei einem guten Start und einem sauberen Verlauf kann die Kontrolle langsam gelockert werden.

Diese Vorgehensweise ist besser, als die Daumenschrauben im Verlauf der Sanierung anzuziehen. Zeigen Sie Radikalität bei der gedanklichen Neuschöpfung bzw. Neustrukturierung der Prozesse. Achten Sie auch darauf, sich nicht in Details zu verzetteln.

Kompetenz

Setzen Sie nicht nur auf vergangene Erfahrungen, sondern hoffen Sie vielmehr auf zukünftige Potenziale! Die Potenziale liegen in der Veränderungskraft der Abteilung oder der Gruppe und in den Fähigkeiten der Führungskräfte. Wenn die Fähigkeiten, Funktionen, Aufgaben und Befugnisse in der Führungsmannschaft nicht geändert werden, ist die Gefahr groß, dass sich die Negativ-Entwicklung wieder einschleicht und tiefgreifende Veränderungen sich nicht verwirklichen lassen.

Beobachten Sie sehr genau Ihre Führungskräfte und treffen Sie hier schnell die richtigen Personalentscheidungen. Anerkennen, was war, heißt nicht, dasselbe fortsetzen zu müssen.

Umsetzung

Die Fähigkeit, mit Einwänden und Widerständen professionell umzugehen, wird zum zentralen Erfolgsfaktor in der Umsetzung von Veränderungen. Beachten Sie dabei, was Sie Ihren Mitarbeitern zumuten können. Prioritäten und realistische Zeitpläne helfen dabei. Selektieren Sie zu Beginn ein Kernteam, das den Willen mitbringt, sich durchzusetzen – und das Leidensdruck erfährt. Dies müssen Ihre Treiber durch den Turnaround werden. Alleine sind Sie machtlos.

Leidensdruck

Der Leidensdruck muss bei allen Beteiligten so deutlich wie möglich spürbar sein. Es kann sein, dass er zunächst noch verstärkt oder hervorgerufen werden muss. Nur wenn die Mitarbeiter spüren, dass die Probleme des Unternehmens auch ihre eigenen Probleme sind, wird Engagement für den Turnaround entstehen können.

Eigenverantwortung

Die Mitarbeiter müssen lernen, eigenverantwortlich zu handeln und dabei von den Führungskräften unterstützt werden. Achten Sie darauf, dass Sie Ihren Mitarbeitern dabei genügend Eigenverantwortung übertragen. Dies sollte jedoch nicht bedeuten, dass jeder nach eigenem Gutdünken machen kann, was er will. Delegieren Sie, doch vergessen Sie nie, entsprechend zu kontrollieren.

Umgang mit Fehlern

Jeder Fehler darf gemacht werden. Besonders in Turnaroundsituationen müssen manche Dinge sehr schnell und unkonventionell umgesetzt werden. Achten Sie auf Qualität, verzeihen Sie jedoch Fehler. Seien Sie wachsam, wenn es sich um Schlampigkeit handelt. Schaffen Sie ein Klima, bei dem Fehler unmittelbar und konstruktiv diskutiert und daraus individuell und organisatorisch gelernt wird. Lernen Sie aus Fehlern!

9.2 Mikropolitik

Unternehmensführung ist Führung der Menschen in einem Unternehmen. Diverse Untersuchungen haben in den letzten 50 Jahren gezeigt, dass viele Prozesse in Unternehmen nicht rein logisch zustande kommen, sondern von der Dynamik der menschlichen Beziehungen abhängig sind. Selbst die größten Führer sind oft über Machtkomplotte und Intrigen gestürzt. Der Ausspruch Cäsars „Auch du Brutus, mein Sohn?!", soll jeder Führungskraft Warnung und Botschaft zugleich sein, die Mikropolitik im Unternehmen nicht zu unterschätzen und immer ein wachsames Auge hierfür zu haben.

Die ideale Führungskraft wäre somit für uns eine Person mit hoher Sach- und Fachkompetenz sowie mit einem gesunden Maß an Fähigkeiten, die Dynamik der Organisation einzuschätzen und entsprechend gegenzusteuern. Leider erleben wir immer wieder Führungskräfte, die sich – mangels anderer Fähigkeiten – stark auf Machtspiele einlassen und die sachliche Arbeit sträflichst vernachlässigen. Gute „kleine Machiavellis" haben leider auch gute Chancen, sich „durchzuschlagen" und sogar noch als „Sieger" aus einer Krise hervorzugehen.

Diese „dunklen Seiten" der Macht werden in der Regel selten erwähnt und schon gar nicht geschult. Sie sind jedoch umso wichtiger, da sie einen Teil des Alltags einer Führungskraft bestimmen. Die Methoden sind oft sehr wirkungsvoll. Der Nutzen für die Organisation hängt davon ab, wer sie wie einsetzt.

Der bekannte Primatenforscher Franz DeWaal, der sich vor allem mit den sozialen Strukturen in Schimpansenfamilien beschäftigt hat, kam zu einer interessanten Erkenntnis. Immer dann, wenn die Position des „Führers" in Frage gestellt wurde oder vakant war, wenn dieser durch einen Kampf geschwächt oder getötet wurde, ist das Aggressionsniveau in der Affenfamilie extrem gestiegen. Regeln bzw. „Gesetze" wurden missachtet, Kämpfe und Streitigkeiten waren an der Tagesordnung.

Dynamik von Krisen 103

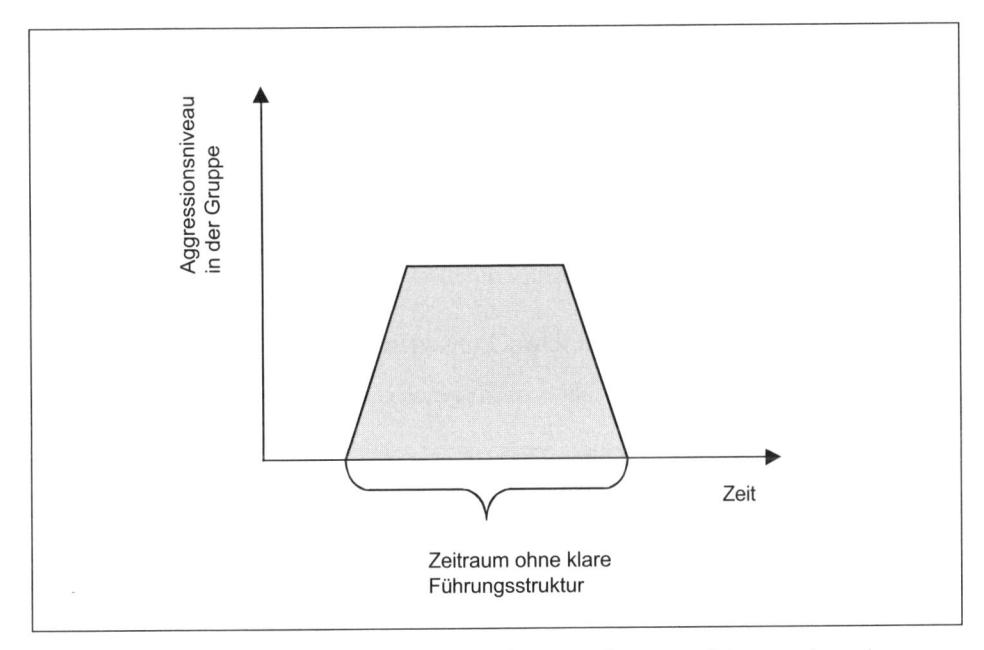

Abbildung 10: Zusammenhang zwischen Führungsvakuum und Aggressionsniveau

DeWaal schloss daraus, dass ein Machtvakuum bei Affenfamilien in der Regel der Auslöser für Aggressionen in der Gruppe ist. Diese Analogie aus der Tierwelt ist aus unserer Sicht besonders in Krisensituation durchaus zutreffend. Durch die Krise ist die Position des „Führers" geschwächt. Ihm wird sicher ein Teil der Schuld für die aktuelle Situation gegeben. Wenn er es nicht schafft, seine Position wieder zu festigen, besteht die Gefahr, dass die „Politik" und die „Machtkämpfe" im Unternehmen, also das Selbstzerfleischen einen großen Teil der Energie schluckt.

Gerade in Krisensituationen haben die Methoden der Mikropolitik eine sehr wichtige Daseinsberechtigung und sind sehr wirksam. Im folgenden Abschnitt werden wir Ihnen einen Überblick über die klassischen „Machiavelli-Methoden" zur Absicherung der eigenen Position und dem Ausbau des Wirkungsrahmens schildern.

Nutzen Sie diese mit Bedacht und (hoffentlich) für das Wohl des Unternehmens.

Angelehnt an Greene (Power – die 48 Gesetze der Macht", 1999; s. Der Spiegel Nr. 11/2001, Droge Macht , S. 96 ff./106), kommen wir zu folgenden Kernsätzen:

▶ Stelle deinen Chef nie in den Schatten.
▶ Erschlage den Hirten, und die Schafe zerstreuen sich.
▶ Vertraue deinen Freunden nie zu sehr – bediene dich deiner Feinde.
▶ Lege deine wahren Absichten niemals offen.
▶ Scheue Bindungen, die dich „emotional festlegen".

- Mache Menschen von dir abhängig.
- Lass andere für dich arbeiten, doch streiche die Anerkennung immer für dich ein.
- Gehe „Loosern" aus dem Weg.
- Stelle dich naiv: Gib dich dümmer als dein Opfer und horch es aus.
- Gib dich wie ein Freund, aber handle wie ein Agent.
- Versetze andere in ständige Angst: Kultiviere die Aura der Unberechenbarkeit.
- Vernichte deine Feinde bis auf die Wurzel, sonst kommen sie wieder.
- Befriedige das menschliche Bedürfnis, an etwas zu glauben und fördere einen Kult um deine Person.
- Spiele mit den Träumen der Menschen. Propagiere Visionen.

Neben diesen klassischen „Tipps" fallen uns folgende komplexe Verhaltensszenarien auf:

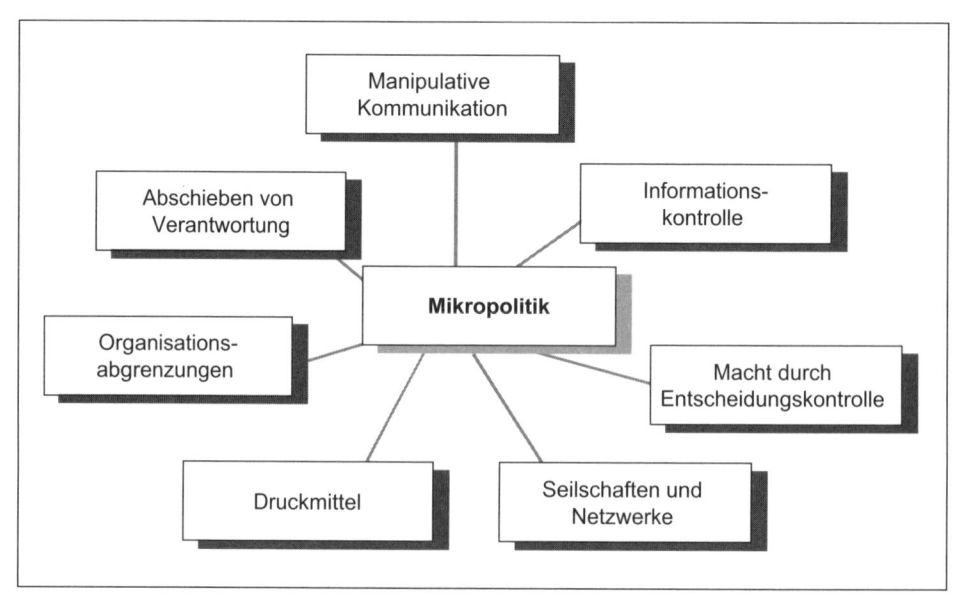

Abbildung 11: Verhaltensszenarien der Mikropolitik

Manipulative Kommunikation

Die meiste Einflussnahme geschieht durch manipulative Kommunikation. Neben der bewussten Kommunikation von falschen Inhalten werden auch Kommunikationstechniken eingesetzt, um den Gesprächspartner in seinem Denken und Reden zu manipulieren. In der Praxis kommt es vor, dass Budgets und Einsparpotenziale gefälscht werden. Fairness ist in Krisenzeiten selten zu finden, also wird auch das Kommunikationsverhalten nicht fair sein.

Mangelhaftes Zuhören ist zu allen Zeiten zu beobachten und zu beklagen. Ein Manager, der sich ständig durch Aktionen und Handlungen beweisen muss, hat keine Zeit, sich intensiv auf einen Gesprächspartner einzulassen und ist meistens auch nicht gewillt, die Meinung anderer anzuhören. Wenn Führungskräfte zu ihrem Tagesgeschäft noch zusätzlich die Sanierungsaktionen leiten und umsetzen müssen, wird noch weniger Zeit als sonst üblich sein. Mit dem Nicht-Zuhören kann auch gezielt die Abwertung des Mitarbeiters ausgedrückt werden „Was du schon für Probleme hast. Das ist doch unwichtig".

Wenn Gesprächspartner unliebsame Themen ansprechen oder unbequeme Fragen stellen, kann ein geschickter Manager sich dieser vermeintlichen Angriffe durch eine Vielzahl von kommunikativen Methoden wehren. Da werden verbale und nonverbale Signale des Gesprächspartners genutzt, um die Schwachstellen des Gegners auszuloten und gezielt für die eigenen Interessen einzusetzen. Andere Mitspieler werden einbezogen, um nicht allein gegen den Kontrahenten vorzugehen. Neutrale Personen werden auf die eigene Seite gezogen. Gegner werden isoliert oder bloßgestellt. Auch äußere Bedingungen (Termin, Ort, Sitzordnung etc. des Gespräches) werden teilweise bewusst festgelegt, um den „Heimvorteil" zu nutzen. Der intensive oder der unterbrochene Blickkontakt tragen dazu bei, den vermeintlichen Gegner zu verunsichern.

In der verbalen Kommunikation werden Worte als Waffen eingesetzt. Da nimmt sich jemand das erste und das letzte Wort, er unterbricht, wiederholt, ignoriert, macht lächerlich, weist Schuld zu, schmeichelt und wertet ab. Killerphrasen, Vernebelung und der Wechsel der Ebenen tragen ebenfalls dazu bei, die Kommunikation zur Manipulation zu nutzen.

Informationskontrolle

Eine weitere wichtige Form von Mikropolitik ist die Informationskontrolle. Während die eigene Leistung hervorgehoben wird, wird die des Kontrahenten abgewertet. Obwohl es zunächst so erscheint, als wären Führungskräfte, die sich mit dem Schönreden hervortun, konfliktscheu und auf Harmonie bedacht, sind es in der Regel andere Gründe, die zu diesem Verhalten führen. Es sind eher Vorstellungen der eigenen Grandiosität und des Narzissmus, die das Inszenieren von Erfolgen sowie deren Bewunderung fördern. Aber auch Mitarbeiter verschleiern Fehler, berichten von neuen Ideen, Innovationen oder Erfolgen.

Inzwischen wird auch vor eigenwilliger Interpretation und Fälschung von Informationen in Bilanzen nicht zurückgeschreckt. Die Bilanzierungsregeln enthalten Freiräume für flexibel zu gestaltende Bewertungen. Dadurch sind Verschleierungen leicht möglich. Und auch die erlaubten Freiräume reichen vielen „Machern" nicht mehr aus. Gewinne oder auch Verluste werden versteckt und Bilanzen regelrecht gefälscht. Die Meldungen von geschönten Bilanzen großer Unternehmen und Konzerne erregten zwar die Öffentlichkeit, haben jedoch bisher keine nachhaltigen Konsequenzen für die ethischen Werte von Unternehmen.

Hierbei wird die Macht der Investoren deutlich. Unternehmen, die abhängig von ihren Geldgebern sind, scheuen keine Spielart von Imponiergehabe. Genauso wie ein einzelner Geschäftsführer sich von einem Stilberater beraten und seine Reden von Profis schreiben lässt, werden die Geschäftsberichte nicht nur positiv und ansprechend gestaltet. Vielmehr wird die Gewinn-und-Verlust-Rechnung entsprechend „günstig" aufbereitet.

Eine andere Variante der Informationspolitik besteht darin, die schlechten Aspekte von anderen hervorzuheben. Dies wird jedoch so eingefädelt, dass auf den Redner kein schlechtes Licht fällt. Das kann zum Beispiel so gestaltet werden, dass öffentlich an den Kontrahenten eine Frage gestellt wird, von der bekannt ist, dass dieser sie mit negativen Aussagen beantworten muss. Der Gegner wird öffentlich vorgeführt und bloßgestellt.

Teilweise wird dabei die sehr unfaire Art des Gerüchtestreuens genutzt. Um einen Widersacher kaltzustellen, kann über ihn verbreitet werden, dass er sich etwas so Schreckliches habe zuschulden kommen lassen, über das man aber aus Takt nicht weiter reden wolle. Der Betreffende hat keine Chance, die Vorwürfe aus der Welt zu räumen, da sie gar nicht konkret benannt wurden und meistens völlig haltlos sind.

Macht durch Entscheidungskontrolle

Um Entscheidungen kontrollieren zu können, klinken sich manche Führungskräfte in die Entscheidungsprozeduren selbst mit ein. Auch die Kontrolle von Regeln und Normen ermöglicht ihnen, ständig eingebunden zu sein. Durch die Kontrollen erreicht die Führungskraft, dass sie über viele Informationen verfügt und sich entsprechende Macht sichert, bei Entscheidungen mitreden zu können. Auch Tatsachen und Präzedenzfälle zu schaffen, hilft, die eigenen Interessen voranzutreiben.

Fatal kann die Entwicklung sein, wenn sich die Geschäftsführung innerhalb ihrer eigenen Seilschaften selbst nicht an die Regeln hält. Dann wird auffallen, dass die Kontrollen keinem sachlichen Zweck dienen. In solchen Fällen werden alle Instrumente oder Regeln stumpf, denn das Bekanntwerden des schlampigen Umgangs wird dazu führen, dass weitere Führungskräfte sich ebenfalls nicht daran halten werden. Damit beginnt eine katastrophale Entwicklung des Managementverfalls.

Seilschaften und Netzwerke

Durch Seilschaften werden Bündnisse gebildet, die die eigene Position stärken und die Gegner schwächen sollen. Neben dem Vorteil, sich vieler „Freunde" im Unternehmen scheinbar sicher zu sein, gibt es auch eine Fülle von Nachteilen. Die Verbindungen sind in den seltensten Fällen stabil. Gerade in problembelasteten Situationen werden aus den so genannten Freunden schnell Feinde, die dann ebenfalls um ihr eigenes Überleben kämpfen und vor unfairen Verhaltensweisen nicht zurückschrecken. In den Seilschaften funktioniert sehr häufig die Informationsweitergabe sehr gut, da auch die informellen Kommunikationsprozesse genutzt werden. Kippt die Freundschaft in Feindschaft um, sind Informationen eine gefährliche Waffe, die dann letztendlich als Angriffe zurückkommen können.

Ein besonderer Aspekt der Seilschaften ist die Ausgrenzung von Frauen. Wenn sich die männlichen Führungskräfte des Unternehmens am Wochenende beim Fußballspiel treffen oder Golf spielen, sind Frauen häufig ausgeschlossen. Ein Manager, der sich so verhält, sichert sich einerseits seine Seilschaft, gleichzeitig verliert er das Vertrauen der weiblichen Führungskräfte.

Druckmittel

Eine andere Methode, geschickt zu manipulieren, ist es, Gegner eng an sich binden, so zu tun, als wäre man eng befreundet, und gezielt zu steuern. Jeder der glaubt, einer Gruppe zuzugehören, sollte sich bewusst sein, dass dies nur Taktik sein kann. Ferner gehört selbstverständlich dazu, sich von Abschusskandidaten und Loosern fernzuhalten. Besonders geschickt ist es, über andere Gegner ausgrenzen und bloßstellen zu lassen. Damit behält der eigentliche Intrigant seine scheinbar weiße Weste.

Es kann auch durch strenges Verhandeln Druck aufgebaut werden, damit andere in Angst versetzt oder irritiert werden. Nicht-Einhalten von Zusagen kann ebenfalls zu Verunsicherungen führen.

Der manipulative Umgang mit der Zeit ist zweifelsohne ein „beliebtes" Intrigenspiel. Um andere unter Druck zu setzen, werden so enge Termine vorgegeben, dass sie keineswegs eingehalten werden können. Der unter Druck geratene Kollege hat keine Chance, er kann entweder die Arbeit ablehnen oder den Termin nicht einhalten. Beide Vorgehensweisen werden ihm angelastet. Ebenso können Überraschungseffekte genutzt werden, indem auf schnelle oder nicht erreichbare Ziele gewechselt wird. Durch den Handyboom ist die Einforderung ständiger Verfügbarkeit und steter Kontrolle eine alltägliche Druckmethode, um Intrigen zu spinnen und Vorwürfe vorzubringen.

Organisationsabgrenzungen

Organisationen haben in der Regel eine Aufbauorganisation. Es gibt Bereiche, Abteilungen, Teams. Wie das Wort „Abteilung" es schon suggeriert, entsteht oft eine „Teilung". Organisationseinheiten entwickeln im Laufe der Zeit eine eigene Identität und ein eigenes Selbstverständnis. Es ist erstaunlich zu sehen wie selbst im eigenen Unternehmen „Revierkämpfe" den Alltag prägen. Aufgrund von wissenschaftlichen Untersuchungen konnte festgestellt werden, dass ein großer Teil der Mikropolitik während der Koordination zwischen Abteilungen stattfindet. Bei Planungen und Terminvereinbarungen werden die Kollegen der anderen Bereiche benachteiligt. An die eigenen Mitarbeiter werden die Aufgaben verteilt, die lukrativ sind, während die Nachbarabteilungen Hilfsarbeiten übernehmen müssen, die keine werbeträchtigen Erfolge garantieren. Mitarbeiter anderer Bereiche und Abteilungen werden stärker kontrolliert als die eigenen Mitarbeiter. Misserfolge und Fehler anderer Kollegen werden angeprangert, während die Fehler im eigenen Organisationsbereich vertuscht werden. In wichtige Projekte werden eigene Mitarbeiter oder Mitglieder einer Seilschaft eingebunden und vermeintlichen Widersacher ausgegrenzt. Durch diese Aktionen ändert sich im Laufe der Zeit nicht nur das Image des Bereiches, der stets mit Erfolgen und Leistungen in Verbindung gebracht wurde, sondern es nimmt auch die Wertschätzung der dazugehörigen Mitglieder zu. Zeitgleich verlieren andere Abteilungen die Aufmerksamkeit und die Anerkennung.

Abschieben von Verantwortung

Das beliebteste Manöver, Verantwortung abzuschieben, ist das Bauernopfer. Dabei gibt es verschiedene Spielarten. In allen Fällen geht es jedoch darum, dass ein Chef einen seiner Mitarbeiter für die Situation verantwortlich macht. In der Regel ist er entrüstet über den kritischen Sachverhalt, vom dem er „selbstverständlich" nichts wusste und nun die entsprechenden Konsequenzen ziehen „muss". Derartige Konstellationen werden gerne genutzt, um zum Beispiel Vertriebsleiter für den sinkenden Umsatz verantwortlich zu machen, obwohl die Geschäftsleitung zuvor Budgets für Werbung und Prämien gestrichen hat und dadurch die Vertriebsaktivitäten eingeschränkt sind.

Eine ähnliche Variante ist die Intrige des Kollegenopfers, die sogar noch etwas subtiler ist. Die Kunst liegt darin, Entscheidungen nie alleine zu treffen; alle Entscheidungen sind abgestimmt und gemeinsam vereinbart. Wenn alle Kollegen mit im Boot sind, wird sich jeder schwerer tun, den anderen an den Pranger zustellen. Dies führt zu einem Phänomen, das sich „kollektive Verantwortung" nennt. Sind alle eingebunden gewesen, werden alle die Fehler kaschieren. Andererseits kann einer der Entscheider die Geschäftsleitung hinter dem Rücken über Versäumnisse informieren. Damit ist auf jeden Fall sichergestellt, dass die Geschäftsleitung oder der übergeordnete Vorgesetzte nicht die Verantwortung übernehmen müssen, weil entweder einer der Kollegen „geschlachtet" wird oder alles im Sande verläuft, weil die gesamte Gruppe „schuld" ist. Das Ziel, die übergeordneten Führungskräfte von Schuld frei zu halten, ist damit erfüllt.

Auch wird schon einmal ein Kollege, der einen schlechten Stand bei der Geschäftsleitung hat, zum Beispiel über weitere Einsparungen oder über die fatalen Folgen der bisherigen Geschäftspolitik informiert, so dass dieser seine Kritik äußert und sich damit noch unbeliebter macht.

Manchmal nutzen die Chefs auch ihre eigenen Mitarbeiter, um Ärger über die Geschäftspolitik kommunizieren zu lassen. Wenn Einsparungen, zum Beispiel an Arbeitsmitteln, Gehaltskürzungen etc. die Mitarbeiter betreffen, lässt die Führungskraft manchmal ihren eigenen Widerstand durch die Mitarbeiter gegenüber der Geschäftsleitung äußern. Somit verschiebt der Vorgesetzte seinen Ärger auf die Mitarbeiter und braucht bei seinem eigenen Vorgesetzten nicht das Gesicht zu verlieren. Auch das Kommunizieren von geringeren Einsparungen in anderen Abteilungen erfüllt die gleiche Wirkung.

Viel schneller als gedacht, erkennt die Belegschaft diese Spielchen ihrer eigenen Chefs. Das Abschieben von Verantwortung hat sehr drastische Auswirkungen auf die Motivation der Mitarbeiter. Die Glaubhaftigkeit des Managements wird massiv gestört. Die Mitarbeiter verlieren das Vertrauen und vermuten weitere nachteilige Aktionen seitens der Führungskräfte, so dass das Misstrauen wächst.

Psychologische Mechanismen in der Mikropolitik

Für manche Manager mit entsprechender Persönlichkeitsstruktur ist die Tätigkeit in einem Unternehmen eine gute Möglichkeit, das Machtstreben auszuleben. Manche Geschäftsführer, manche Manager und manche Personalleiter zeigen ein Auftreten, das mehr dem eines Sheriffs im Wilden Westen ähnelt als dem einer verantwortlichen Führungskraft.

Da mit den Psychospielen die eigene Person in den Vordergrund gerückt und der Gegner abgewertet wird, werden viele Mikropolitik-Manöver als Verfolger-Spiele in Erscheinung treten. Man selbst wird beim anderen Fehlverhalten oder Nachteile aufdecken. Dies geschieht, indem vordergründig zum Beispiel eine sachliche Frage gestellt wird, auf der psychologischen Ebene wird der Gegner jedoch in seiner vermeintlichen Unzulänglichkeit getroffen. Ob und wer diese Machtspiele und Intrigen nutzt, hängt von der jeweiligen Person ab. Entscheidend sind die eigenen ethischen Werte, die jemand in seiner Sozialisation erworben hat, sein Lebensskript und seine Antreiber.

10. Sinnvolle Handlungsalternativen

Handlungsempfehlungen klingen oft wie Kochrezepte: „Nimm 5 % Personalabbau, füge eine große Prise Umorganisation hinzu, würze es mit einer Vertriebsoffensive und lasse dann alles 6 Monate bei 100 Grad garen." Dieser Gefahr sind wir uns sehr wohl bewusst gewesen, als wir uns entschlossen haben, dieses Kapitel zu schreiben. Nichtsdestotrotz wollen wir die über Jahre gesammelten Erfahrungen mit Krisensituationen an unsere Leser weitergeben. Auch wenn jede Krise ihren eigenen Charakter hat und nur schwer generalisierbar ist, stellen wir uns vor, dass diese Handlungsempfehlungen als Anregung für den eigenen Turnaround dienen können.

Auf der Suche nach einer sinnvollen Struktur dieses Kapitels ist uns ein Artikel in der Wirtschaftswoche Nr. 36 vom 29.08.2002 aufgefallen, in dem eine Studie von Roland Berger zum Thema Krisenmanagement vorgestellt wurde. Eine Frage, die an die Manager gerichtet wurde, lautete: „Mit welchen Schwachstellen kämpfen die Manager in der Krise?" Abbildung 12 zeigt das Ergebnis:

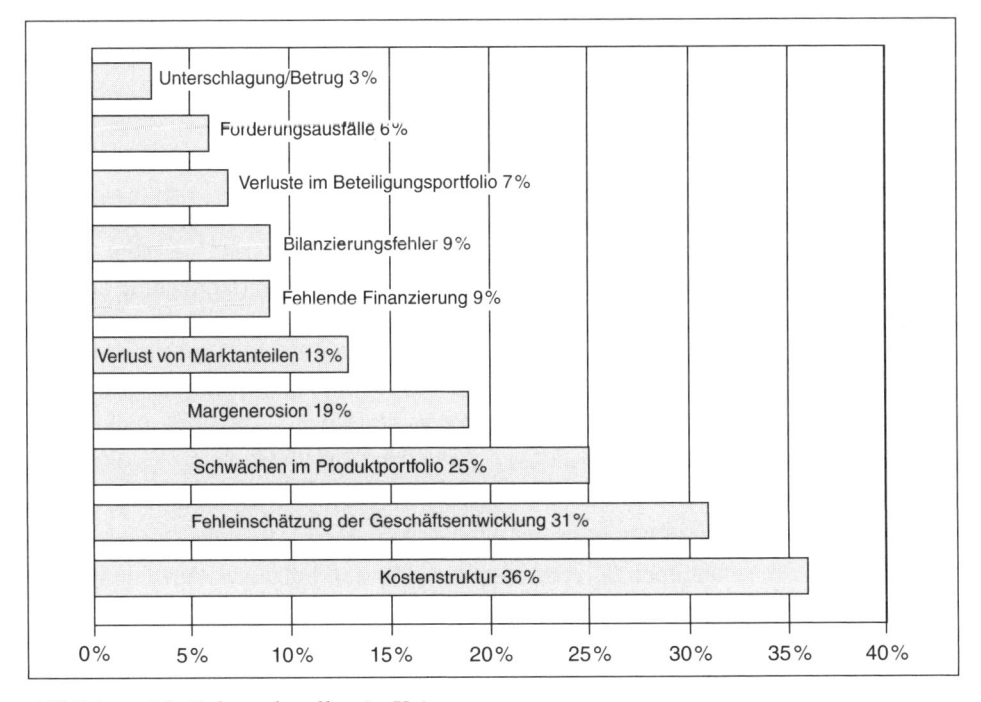

Abbildung 12: Schwachstellen in Krisen
Umfrage unter 130 Führungskräften in Unternehmen mit einem Durchschnittsumsatz von rund 650 Millionen Euro; Mehrfachnennungen möglich. Quelle: Roland Berger

Führen in Krisenzeiten

Wenn betrachtet wird, welche Hebel Manager ansetzen, um Ihre Kostenstruktur in den Griff zu bekommen, so sind 4 Säulen in fast jedem Sanierungsprozess wiederzufinden:

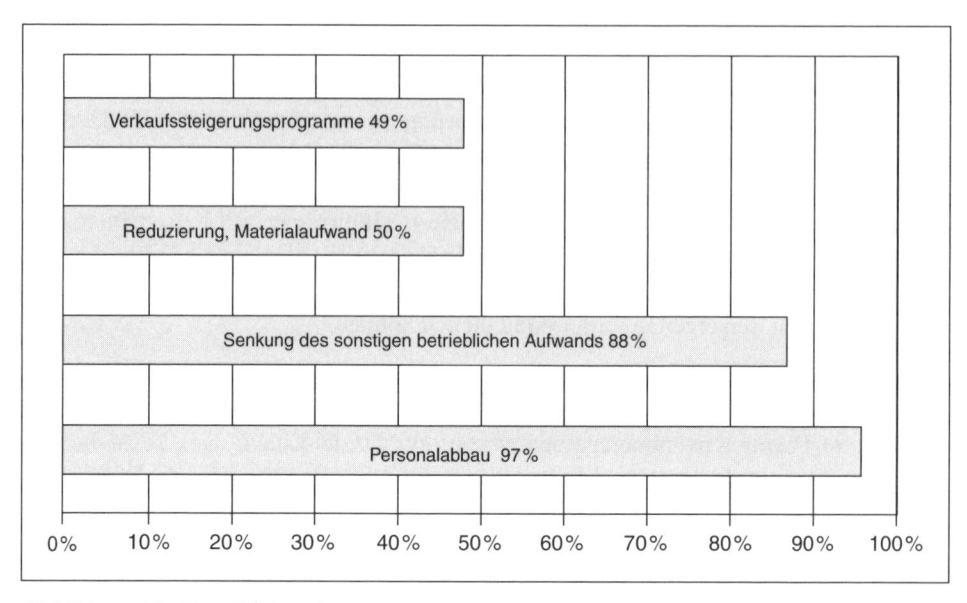

- Verkaufssteigerungsprogramme 49 %
- Reduzierung, Materialaufwand 50 %
- Senkung des sonstigen betrieblichen Aufwands 88 %
- Personalabbau 97 %

Abbildung 13: Vier Säulen des Sanierungsprozesses
(Umfrage unter 130 Führungskräften in Unternehmen mit einem Durchschnittsumsatz von rund 650 Millionen Euro; Mehrfachnennungen möglich. Quelle: Roland Berger)

Wie die Darstellung zeigt, konzentrieren sich die meisten Manager darauf, die Fixkosten zu reduzieren. Dies ist sicher wichtig und hilft die Solvenz des Unternehmens zu erhalten. Die Gefahr besteht jedoch, dass die Einsparungen ohne Betrachtung der Leistungen, die dagegen stehen, durchgeführt werden. In der Regel erfolgt zum Beispiel der Personalabbau nach der „Rasenmähermethode", das heißt jeder Bereich muss X % seiner Mitarbeiter abbauen. Es gäbe stattdessen die Möglichkeit, nach der „Astscherenmethode" vorzugehen, mit der betrachtet wird, welche Aufgaben nicht mehr benötigt werden oder durch Optimierung der Prozesse zusammengelegt werden können. Kreativität ist hier gefragt. Dies vermissen wir jedoch allzu oft.

Die Einseitigkeit von Vorgehensweisen und vor allem das Ausblenden von wichtigen Aspekten in Krisensituationen fällt uns immer wieder auf. Folgende Aufzählung kann Ihnen helfen, die zentralen Aspekte in Turnarounds zu beachten.

Sinnvolle Handlungsalternativen 113

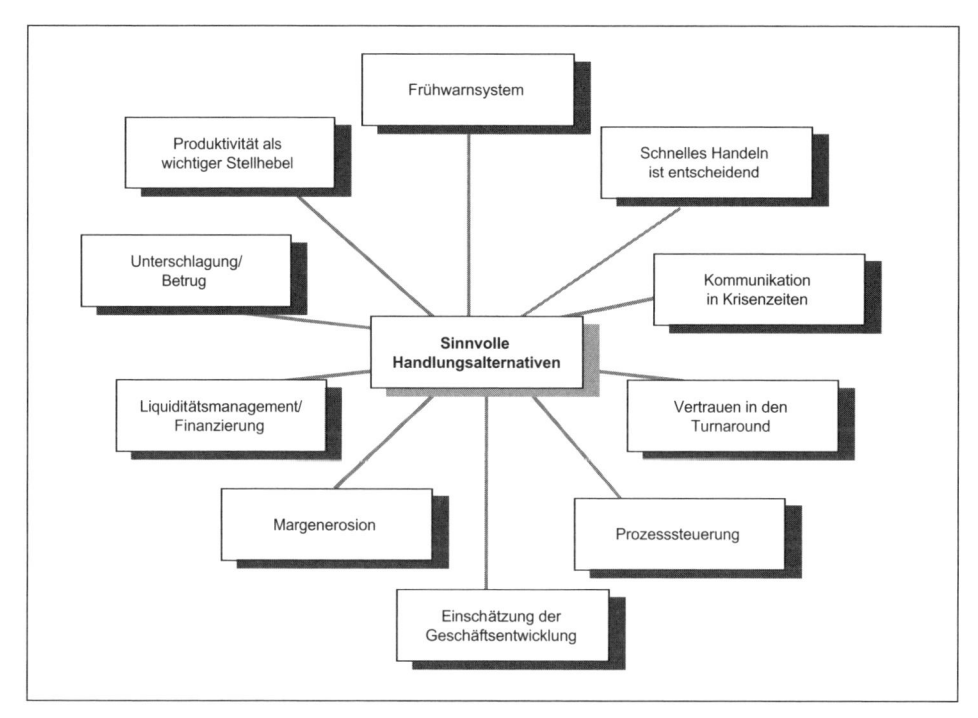

Abbildung 14: Sinnvolle Handlungsalternativen in Krisensituationen

10.1 Frühwarnsystem

Es ist immer wieder erstaunlich, wie viele Unternehmer schon längst „Pleite" sind, es aber nur noch nicht wissen. Besonders im Mittelstand ist die Gefahr groß, dass ein fehlendes Frühwarnsystem Unternehmen in die Insolvenz treiben lässt.

Nicht selten kommt es vor, dass gerade erst eine neue Fabrikhalle gebaut wurde, um kurz darauf beim Amtsgericht Insolvenz anzumelden. Im Gespräch mit Konkursverwaltern wird immer wieder betont, dass eine der häufigsten Aufgaben des Konkursverwalters darin liegt, Zahlen zu erfassen, die ihm als Führungs- und Steuerungsinstrument helfen. Seit Kaplan und Norton die Diskussion mit der Balanced Scorecard eröffnet haben, sollte wohl jedem Manager bewusst sein, dass zur Steuerung des Unternehmens nicht nur die reinen betriebswirtschaftlichen Kennzahlen reichen, sondern dass vielmehr eine Art „Cockpit-Instrumententafel", die – ähnlich wie bei einem Flugzeug – alle relevanten Unternehmensdaten zusammenfasst, vorhanden sein sollte. Besonders wichtig sind prognostische Kennzahlen. Gemeint sind zum Beispiel Frühindikatoren. Diese können sein:

Kundenzufriedenheit

Wenn die Kundenzufriedenheit sinkt, könnte auch mittelfristig der Umsatz davon betroffen sein. Es sind regelmäßige Umfragen notwendig. Verlassen Sie sich jedoch nicht nur auf die Statistik. Es hat sich stets als außerordentlich hilfreich herausgestellt, wenn Manager das direkte Kundengespräch suchen. In einem Unternehmen haben selbst Führungskräfte der Produktion in bestimmten Abständen 2 Wochen lang im Außendienst mitgearbeitet. Die Nöte der Kunden wurden direkt und plastisch hervorgebracht und führten in der Mehrzahl der Fälle zu Verbesserungsmaßnahmen.

Reklamationsquote

Die Höhe der Reklamationsquote kann Hinweise auf Fehler im Produkt geben. Diese wiederum kann hohe Garantie- und Kulanzquoten verursachen und somit mittelfristig das Image des Produkts schädigen. Hin und wieder gelangen Reklamationen bis zur Managementetage. Nehmen Sie diese Schreiben sehr ernst. Die Erfahrung zeigt, dass nur ein Bruchteil der Kunden reklamiert. Die große Mehrheit schweigt und wechselt zum Wettbewerbsprodukt.

Wenn ein Produkt einmal auf dem Markt ist und nicht den Qualitätserwartungen entspricht, ist nur noch Schadensbegrenzung möglich. Hilfreich können Prognosen der eigenen Entwickler sein. Oft wird die Stimme des Konstrukteurs überhört. Achten Sie darauf, dass bei Produktneueinführungen der Fachmann zu Wort kommt.

Fluktuation bei Mitarbeitern

Eine hohe Fluktuation kann ein Zeichen für Führungsprobleme im Unternehmen sein. Zusätzlich kann die Fluktuation auch bedeuten, dass ein Wettbewerber sich das Knowhow Ihrer Mitarbeiter einkauft.

Krankenstand

Der Krankenstand ist oft ein Symptom für einen „Laisser-faire"-Stil im Unternehmen. Wenn Mitarbeiter sich nicht mehr mit dem Unternehmen identifizieren und das Management lasch führt, steigt der Krankenstand oft rapide an.

Auftragseingang/Auftragsbestand

Der Auftragseingang ist und bleibt ein wichtiger Indikator. Oft wird nur der Umsatz des Auftragseingangs beobachtet, nicht jedoch zu welchen Konditionen die Aufträge angenommen wurden. Was nützt der beste Umsatz, wenn mit jedem Auftrag Geld vernichtet wird? Insbesondere in Unternehmen des Anlagebaus kann ein unter Herstellkosten angenommenes Projekt katastrophale Folgen für den Betrieb haben. Empfehlenswert ist es, auch die „Auftragsmarge" im Auge zu behalten.

Pressemeldungen

Wie wird über Ihr Unternehmen in der Presse berichtet? Gibt es in der Fachpresse Produktbeurteilungen oder Tests, die negativ ausfallen? Lassen Sie sich tagesaktuell die Mitteilungen über Ihr Unternehmen aufbereiten.

Wettbewerbsbeobachtung

▶ Gibt es Veränderungen bei Ihrem Wettbewerber?
▶ Drängen neue Wettbewerber in den Markt?
▶ Kommt der Wettbewerber mit neuen Produkten, die Ihnen gefährlich werden könnten?

Neben diesen Frühindikatoren sollten Sie selbstverständlich die „klassischen" Führungskennzahlen ständig beobachten:

Finanzen

▶ Umsatz (gesamt, nach Kunden, nach Produkten, nach Sparten)
▶ Gewinn
▶ Garantie- und Kulanzkosten
▶ Stand der Kreditlinien und der Guthaben
▶ Personalkostenanteil
▶ Materialkosten
▶ Materialanteil
▶ Sonstige Kosten
▶ Kredithöhe
▶ Durchschnittliche Dauer der Kreditorenzahlung
▶ Eigenkapitalquote
▶ Cash-Flow

Vertrieb und Markt

- Durchschnittliche Dauer des Zahlungseingangs
- Lieferzeit
- Auftragseingang
- Auftragsmarge
- Kundenzufriedenheitsindex
- Höhe der Rabatte

Prozesse

- Auslastung der Fertigungsanlagen
- Durchlaufzeit eines Auftrags
- Anzahl der Mitarbeiter
- Umsatz pro Mitarbeiter
- Deckungsbeitrag pro Mitarbeiter
- Qualitätskennzahlen

Mitarbeiter

- Fehlzeitenquote
- Mitarbeiterzufriedenheitsindex
- Qualifikationsniveau

Neben der Beobachtung der Kennzahlen ist es hilfreich, in regelmäßigem Kontakt mit dem Markt zu sein. Verbandsmeetings, Arbeitskreise und sonstige Gremien Ihrer Branche geben Ihnen noch weitere Hinweise über Marktentwicklungen. Je besser Sie einschätzen können, wie sich der Markt entwickelt, desto früher können Sie die entsprechenden Maßnahmen rechtzeitig einleiten.

10.2 Schnelles Handeln ist entscheidend

Krisensituation müssen schnell und konsequent angegangen werden. Leider zeigt es sich, dass dies nicht immer der Fall ist. Folgende Umfrage hat Erschreckendes zu Tage gebracht und deckt sich leider auch mit unseren Erfahrungen.

Wie viel Zeit vergeht, bis Manager mit der Restrukturierung beginnen:

Sinnvolle Handlungsalternativen 117

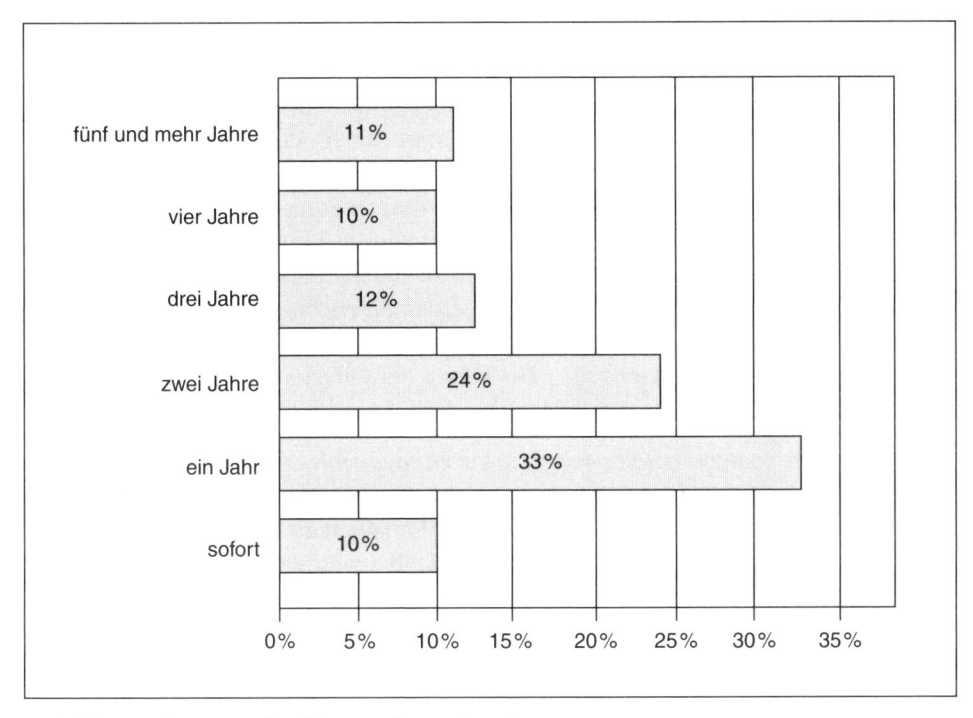

Zeitraum	Anteil
fünf und mehr Jahre	11%
vier Jahre	10%
drei Jahre	12%
zwei Jahre	24%
ein Jahr	33%
sofort	10%

Abbildung 15: Zeitverlauf bis zur Restrukturierung
Umfrage unter 130 Führungskräften in Unternehmen mit einem Durchschnittsumsatz von rund 650 Millionen Euro; Mehrfachnennungen möglich. Quelle: Roland Berger

66 % der Manager brauchen somit länger als ein Jahr, bevor sie anfangen zu handeln. Dies ist definitiv zu lang. Die Gründe mögen vielfältig sein. Es ist die Angst, in der Öffentlichkeit Probleme des Unternehmens zugeben zu müssen, es sind persönliche Schwächen, Probleme nicht sehen zu wollen, zu verdrängen oder es ist Grundoptimismus („es wird schon wieder besser werden"). Die Konsequenz ist immer die Gleiche: Der Turnaround beginnt mit Verzögerung und wertvolle – manchmal überlebenswichtige – Zeit verstreicht. Konkursverwalter bestätigen immer wieder, dass – hätte der Unternehmer nur ein paar Monate früher die Weichen gestellt – der Sanierungskurs erfolgreich verlaufen wäre. Die Botschaft ist somit eindeutig: Handeln Sie schnell und konsequent. Zaghafte oder halbherzige Krisenbewältigungsszenarien sind leider in der Regel erfolglos.

10.3 Kommunikation in Krisenzeiten

Die Krise ist erkannt. Wer soll nun wie darüber in Kenntnis gesetzt werden? Hier scheiden sich die Geister. Wir erleben viele Unternehmer oder Manager, die sich extrem schwer tun, ihr Umfeld über die problematische Unternehmenssituation aufzuklären. Folgende Aussagen hören wir ständig: „Wenn erst mal die Banken unser Problem mitbekommen, ist alles aus!" oder „Wenn wir die Mitarbeiter über die echten Zahlen informieren, wandern die Besten gleich ab und der Rest wird demotiviert sein!" oder „Wenn unsere Kunden oder Lieferanten das erfahren, bestellen sie nicht mehr bei uns oder wollen Vorkasse!". Das Ergebnis dieser Grundeinstellung ist dann ein halbherziges Kommunikationskonzept. „Wir haben ein kurzfristiges Auftragsproblem, deshalb müssen wir ein wenig Personal reduzieren. Ansonsten läuft alles bestens!"

Mitarbeiter und Shareholder können zwar kurzfristig geblendet werden. Die Notlüge wird jedoch relativ schnell durchschaut und führt in der Regel zu einem verstärkten Misstrauen gegenüber weiteren Aussagen des Managements. Im nächsten Abschnitt werden die einzelnen Zielgruppen aufgeführt. Dabei werden sowohl die Ängste der Manager, diese Zielgruppe einzuweihen, als auch die Konsequenzen beleuchtet.

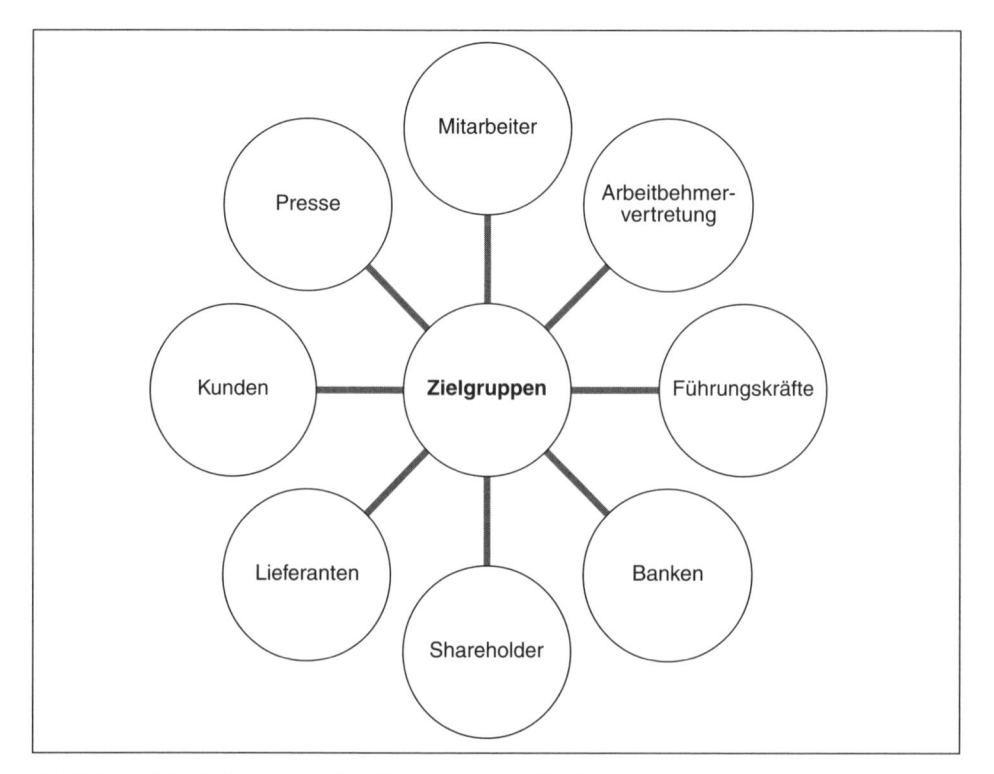

Abbildung 16: Zielgruppen der Krisenkommunikation

Zielgruppe Mitarbeiter

Befürchtungen
Gute Mitarbeiter verlassen das Unternehmen, wenn sie über die tatsächliche Situation des Unternehmens informiert werden. Mitarbeiter verfallen in eine „Depression" und sind nicht mehr engagiert.

▶ *Kommunikation*
Probleme werden verniedlicht oder es wird sogar gelogen.

▶ *Konsequenz*
Mitarbeiter sehen die Fakten und die Reaktion des Managements. Es wird nicht verstanden, warum das Management so reagiert. Mitarbeiter unterstellen dem Management, die Situation falsch einzuschätzen und verlieren das Vertrauen in die Unternehmenssteuerung.

▶ *Empfehlung*
Mitarbeiter können in der Regel mehr Wahrheit verkraften, als die meisten Manager glauben. Eine ehrliche – jedoch nicht überzogene – Darstellung der Ist-Situation und des Sanierungsplans schafft sogar meistens eher Erleichterung als Frust. Der Mitarbeiter sieht, dass die Situation vom Management erkannt wurde und dass gehandelt wird.

Zielgruppe Führungskräfte

▶ *Befürchtungen*
Es treffen ähnliche Befürchtungen zu wie bei Mitarbeitern: Gute Führungskräfte verlassen das Unternehmen, wenn sie über die tatsächliche Situation des Unternehmens informiert werden. Führungskräfte verfallen in eine „Depression" und sind nicht mehr engagiert.

▶ *Kommunikation*
Führungskräfte werden eher über Entscheidungen informiert aber nicht in die Hintergründe eingebunden.

▶ *Konsequenz*
Führungskräfte fühlen sich nicht für den Sanierungsprozess verantwortlich und verhalten sich passiv und im Veränderungsprozess nicht engagiert. Die Führungskräfte können nicht als Sprachrohr gegenüber den Mitarbeitern fungieren, da sie das Gesamtkonzept und die Hintergründe nicht kennen.

▶ *Empfehlung*
Binden Sie frühzeitig Ihre Führungskräfte in Analysen mit ein. Nur durch eine starke Einbindung erreichen Sie, dass aus Betroffenen Beteiligte werden.

Zielgruppe Banken

▶ *Befürchtungen*
„Wenn ich meinem oder meinen Banker(n) sage, wie schlimm es um das Unternehmen steht, werden meine Kreditlinien eingefroren oder gekündigt. Gerade jetzt wäre eine Kreditlinienerweiterung sinnvoll."

▶ *Kommunikation*
Schlechte Zahlen werden nicht weitergeleitet oder „kosmetisch überarbeitet". Probleme werden schöngeredet, zu einem kurzfristigen Problem, das schon längst erkannt und schon bald behoben sei. Es wird von potenziellen Großaufträgen gesprochen, die „quasi vertragsreif" seien. Kurz und gut: Die Situation im Unternehmen wird schöner dargestellt, als sie tatsächlich ist.

▶ *Konsequenz*
Banken glauben vorerst den Aussagen des Unternehmens – insbesondere, wenn es sich dabei um einen langjährigen Kunden handelt. Der zunehmende Liquiditätsbedarf und die dagegen positiven Geschäftsaussagen irritieren zunehmend die Banken. Wenn die Fakten nicht mehr zu verheimlichen sind, kommt es unweigerlich zum Vertrauensbruch. Kreditlinien werden gekündigt, das Unternehmen ist nicht mehr vor der Insolvenz zu retten.

▶ *Empfehlung*
„Kredit" kommt aus dem Lateinischen „credere" und heißt „glauben" bzw. „vertrauen". Wenn das Management das Vertrauen des Kreditgebers verliert, hat es fast keine Chance mehr zu überleben. Die Empfehlung geht somit dahin, die Bank in die tatsächliche Situation des Unternehmens einzuweihen. Beachten Sie, dass Sie einen Sanierungsplan vorliegen haben sollten. Sie sollten in der Lage sein, einen realistischen Plan für den Weg aus der Krise vorlegen zu können. Die Bank wird diesen prüfen. Bei positiver Entscheidung werden Sie in der Regel mit der Bank einen fairen Partner im Turnaround haben.

Zielgruppe Kunden

▶ *Befürchtungen*
Wenn die Kunden erfahren, dass sich das Unternehmen in einer Krise befindet, werden keine Aufträge mehr vergeben. Die Unsicherheit über die Zukunft des Unternehmens führt zu einer Neuorientierung und vielleicht zu einer Abwanderung zum Wettbewerb, der logischerweise in Auftragsgesprächen dies als „Joker" verwendet.

▶ *Kommunikation*
Die Krise wird in der Kommunikation gegenüber dem Kunden nicht erwähnt.

▶ *Konsequenz*
Insbesondere Großkunden bekommen doch Signale über die Situation des Unternehmens. Wenn zum Beispiel die Zahlungsziele der Lieferanten nicht mehr eingehalten werden oder Rechnungen bei dem Kunden nach Zahlungsziel stärker angemahnt werden als früher. Misstrauen gegenüber der Solvenz kann dadurch entstehen.

▶ *Empfehlung*
Hierzu können wir keine eindeutige Empfehlung abgeben, da die Kundenstrukturen zu unterschiedlich sind. Grundsätzlich ist hier jedoch eine gewisse Zurückhaltung gegenüber Problemen angebracht. Sollten die Fakten jedoch nicht mehr zu verheimlichen sein, empfehlen wir, über die Maßnahmen der Restrukturierung zu berichten und somit Zuversicht in die Umbaupläne des Unternehmens zu erzeugen.

Zielgruppe Lieferanten

▶ *Befürchtungen*
Wenn die Lieferanten über die Probleme des Unternehmens Bescheid wissen, werden diese nur noch gegen Vorkasse liefern, was die Liquidität des Unternehmens stark belasten würde.

▶ *Kommunikation*
Zahlungsziele werden bis zur 3. Mahnung ausgereizt. Es wird „vergessen", Rechnungen zu bezahlen. Geredet wird von einem kurzfristigen Liquiditätsengpass „wegen einer großen Investition".

▶ *Konsequenz*
Lieferanten verstehen die Signale oft sehr gut und werden sehr vorsichtig.

▶ *Empfehlung*
Wie auch bei den Kunden ist es sehr schwer, hierzu pauschal eine Empfehlung abzugeben. Kurzfristig ist es sicher möglich, Rechnungen erst einmal liegen zu lassen und somit Liquidität zu Lasten der Lieferanten zu schaffen. Wenn der Sanierungsprozess jedoch über einen längeren Zeitraum geht, ist es zwingend notwendig – mindestens mit den großen Lieferanten – einen „modus vivendi" im Umgang mit Zahlungen zu vereinbaren.

Zielgruppe Shareholder

▶ *Befürchtungen*
„Informiere ich die Shareholder über die Probleme im Unternehmen, werde ich die Kündigung bekommen."

▶ *Kommunikation*
Ähnlich wie bei den Banken wird die Situation eher schöngeredet oder von kurzfristigen Problemen gesprochen, die man „schon wieder im Griff" habe.

▶ *Konsequenz*
Spätestens wenn die tatsächliche Lage des Unternehmens bekannt wird, ist der Manager seinen Job los, da keine Vertrauensbasis mehr besteht.

▶ *Empfehlung*
Die Shareholder sollten immer in die tatsächliche Lage des Unternehmens eingeweiht sein. Achten Sie jedoch darauf, dass Sie Perspektiven bieten können. Auch hier sollte ein umfassendes Sanierungskonzept vorgestellt werden.

Zielgruppe Arbeitnehmervertretung

▶ *Befürchtungen*
Betriebsräte blockieren den Sanierungsprozess. Insbesondere wenn es um Personalabbau geht, ist mit Widerstand zu rechnen.

▶ *Kommunikation*
Betriebsräte werden somit oft nur mit Ergebnissen konfrontiert, wenn Mitarbeiter abgebaut werden oder Unternehmensteile neu strukturiert werden.

▶ *Konsequenz*
Die Arbeitnehmervertretung hat ein Recht darauf, über die Hintergründe und die Vorschläge zur Sanierung informiert zu werden. Wenn der Widerstand erst einmal aufgebaut ist, lassen sich nur schwer Veränderungen im Unternehmen durchsetzen.

▶ *Empfehlung*
Binden Sie die Arbeitnehmervertretung frühzeitig in die Sanierungspläne mit ein. Sollte der Betriebsrat – besonders bei Personalabbaumaßnahmen – trotzdem blockieren, weisen Sie ihn auf die Konsequenzen seines Handelns hin. Immerhin sei es besser, einen Teil der Arbeitsplätze zu retten, als alle zu gefährden.

Zielgruppe Presse/Medien

▶ *Befürchtungen*
Sickert in der Presse etwas über die schwierige Situation des Unternehmens durch und erscheinen Pressemeldungen mit negativen Inhalten über das Unternehmen, entsteht der „Kommunikations-Super-Gau". Die Informationen sind nicht mehr kontrollierbar und führen zu nicht mehr steuerbaren Situationen.

▶ *Kommunikation*
Bei der Bitte um Stellungnahmen werden diese abgelehnt.

▶ *Konsequenz*
Journalisten machen sich ihren eigenen Reim auf die Situation im Unternehmen. Das Risiko, dass ein Bericht in der Presse erscheint, der negativ für das Unternehmen ist, ist groß.

▶ *Empfehlung*
Oft fragen Journalisten nach und bitten um Stellungnahmen. Bitte die Presse an diesem Punkt nicht abweisen, sondern über die einzuleitenden Schritte, mit denen Sie sich zur Zeit beschäftigen, informieren. Sie können natürlich nicht verhindern, dass ein böswilliger Journalist die Fakten so hindreht, dass es für Sie negativ ist.

▶ *Kommunikationsinstrumente*
Im Rahmen der Kommunikation gibt es eine Reihe von Instrumenten. Folgende Übersicht soll Ihnen einen Überblick über sinnvolle Maßnahmen geben:

Maßnahme	Ziel
Intranet	Im Intranet werden News und Informationen über aktuelle Projekte, personelle Veränderungen kommuniziert.
Info-Points	In Form von Info-Points sollen an exponierten Stellen Informationen und Plakate zum Stand des Turnarounds ausgehängt sein.
Promotion/Package	Das Management bekommt eine „Informations-Grundausstattung" in Form von View-Graphs, Handouts, etc. Hiermit kann die Führungskraft in einem weiteren Schritt die eigenen Mitarbeiter informieren.
Firmenzeitung	In der Firmenzeitung wird eine Rubrik „Change-Prozess" eingeführt. Dort sind in jeder Ausgabe die aktuellen Themen zum Turnaround abgedruckt.
Newsletter	In einem Newsletter, der am besten per E-mail versendet wird, werden die Mitarbeiter schnell und unkompliziert über aktuelle wichtige Veränderungen informiert.
Info-Hotline	Eine Hotline sollte eingerichtet werden. Mitarbeiter haben die Möglichkeit, sowohl Fragen zu Themen im Rahmen des Turnarounds zu stellen als auch Probleme oder Beschwerden loszuwerden.
Marktplatz	In bestimmten Abständen sollte an exponierter Stelle ein Marktplatz über wichtige Neuigkeiten im Rahmen des Turnarounds stattfinden. Wichtige Umsetzer im Turnaround stehen hier Rede und Antwort.
Externe Kommunikation	Die Kommunikation mit Kunden und Lieferanten darf nicht vernachlässigt werden. Hier ist es wichtig, genau zu klären, wann welche Informationen das Haus verlassen.

10.4 Vertrauen in den Turnaround

Im Rahmen eines Change-Prozesses leben die Mitarbeiter eine lange Zeit der Unsicherheit. Wie geht es weiter? Was wird aus mir? Gibt es meinen Job nachher noch? Was soll ich nun machen? Fragen, die die Mitarbeiter bewegen. Zwei Verhaltensweisen sind hier zu beobachten:

Winterschlaf

„Ich identifiziere mich nicht mehr mit dem Unternehmen, mache nur noch Dienst nach Vorschrift und folge nur noch bedingt den Anweisungen meines Vorgesetzten."

Operative Hektik

Aktionismus prägt den Tag. Es werden Projekte generiert. Man will überall mitmischen, um auch ja in einem guten Licht zu erscheinen. Nicht die Qualität der Arbeit zählt, sondern die Show für das obere Management.

Beide Verhaltensmuster sind eher kontraproduktiv und gefährden das operative Geschäft. Dies läuft aber weiter. Wenn das Vertrauen in die eigene Fähigkeit und die des Managements nicht vorhanden ist, ist die Gefahr, dass die Krise nicht gemeistert wird, sehr groß.

Als Unternehmenslenker haben Sie mit einem großen Problem zu kämpfen: Sie sind verantwortlich, dass die Situation so ist, wie sie ist. Es wird Ihnen also zu einem Teil die Schuld für die Krise im Unternehmen gegeben. Haben Sie die falsche Strategie verfolgt? Haben Sie bestimmte Signale zu spät wahrgenommen? Haben Sie Fehlentscheidungen getroffen? Tatsächlich haben Sie meistens auch eine Mitschuld an der aktuellen Situation. Wenn Sie es nicht schaffen, wieder die Menschen hinter sich zu scharen und allen Beteiligten das Gefühl zu geben, dass der Turnaround mit Ihnen zu schaffen ist, wird es sehr schwer, Produktivität zu generieren. Nehmen Sie sich Zeit, auch Ihr Umfeld wieder an Sie zu binden. Folgende Übersicht soll Ihnen noch einmal verdeutlichen, welche kulturellen Gefahren im Rahmen von Turnarounds auf Sie lauern:

- Es existiert keine gemeinsame Kommunikationsbasis.
- Es mangelt an Vertrauen zu den Veränderern.
- Es existiert kein gemeinsames Wertesystem.
- Die vielfältigen Verunsicherungen sind nicht mehr tragbar.
- Es existiert kein gemeinsames Problembewusstsein.
- Die zeitliche Komponente ist zu wenig bedacht (Veränderungen zu früh, zu spät, zu schnell).

Daraus ergeben sich einige Grundsätze, die aus kultureller Sicht im Rahmen von Turnarounds zu beachten sind:

- Nicht nur die Führungskräfte im Fokus sehen, sondern auch die Mitarbeiter!
- Keine Trennung von Soft- und Hardfacts. Die Kombination ist entscheidend!
- Der Auswahlprozess der Führungskräfte und Mitarbeiter (die gehen und die bleiben) ist wichtig und muss transparent sein.
- Informations- und Kommunikationskonzept sind sehr wichtig!
- Sauberes Projektmanagement ist notwendig!
- Spielregeln der Veränderung müssen klar sein und gelebt werden.
- Auffangen von Ängsten ist wichtig!
- Würdigung und Trauerarbeit gehören auch dazu!
- Das Bonding mit der neuen Organisation muss hergestellt werden.

Umgang mit Widerstand

In Krisensituationen müssen viele Entscheidungen getroffen werden. Einige sind unangenehm und für einzelne mit Nachteilen verbunden. Widerstände sind vorprogrammiert. Zu verstehen, weshalb Widerstände entstehen und was Sie als Führungskraft dagegen unternehmen können, ist unentbehrlich. Angelehnt an Klaus Doppler können folgende Ursachen für Widerstand identifiziert werden (Doppler/Lauterburg, „Change Management"):

Lohn/Gehalt
- Werden Einkommenseinbußen befürchtet?

Sicherheit
- Wird der Verlust des Arbeitsplatzes befürchtet?
- Bestehen Ängste vor der Übernahme neuer Aufgaben?

Kontakt
- Drohen gute persönliche Beziehungen verloren zu gehen?
- Wird befürchtet, in ein „schwieriges Umfeld" versetzt zu werden?

Anerkennung
- Bestehen Befürchtungen der Überforderung?
- Ist die neue Funktion mit einem schlechten Ruf ausgestattet?

Selbständigkeit
- Wird der Handlungsspielraum, die Entscheidungsbefugnis kleiner?

Entwicklung
▶ Welche Lernbedürfnisse, Karriere-Ambitionen liegen vor?
▶ Kann dies das neue Umfeld bieten?

Widerstand zeigt sich übrigens nicht nur durch Konfliktbereitschaft. Folgende Tabelle zeigt Ihnen, dass die innere Einstellung zu Konflikten, aber auch die zeitliche Dimension eine wichtige Rolle spielen.

Innere Einstellung		Einstellung zur Zeit	
		Vergangenheit	**Zukunft**
	Aktiv	**Widerstandskämpfer** • kämpft gegen Veränderungen • nörgelt, mahnt • vergiftet die Stimmung • sucht Schuldige	**Vordenker** • erahnt Strömungen • testet, wie weit er gehen kann • betreibt aggressive Informationssuche • konzentriert sich auf Machbares
	Passiv	**Verdränger** • leugnet die Realität • hält sich an bisher Gewohntes • entzieht sich • ignoriert neue Informationen, spielt Probleme herunter • macht Dienst nach Vorschrift	**Hilfesucher** • zeigt späte Reaktionen im Prozess des Wandels • wartet auf Anweisungen • sucht nach Rettungsanker • findet sich mit Wandel ab, ist aber nicht zur Anpassung bereit

Abbildung 17: Zusammenhang von innerer Einstellung und Einstellung zur Zeit

Maßnahmen zur Einbindung der Mitarbeiter

Business Dialog mit allen Führungskräften und der Geschäftsführung
Die Geschäftsführung sollte in einer Veranstaltung mit allen Führungskräften den aktuellen Stand des Prozesses diskutieren. Das was klar ist, aber auch was noch offen ist, sollte in Workshopform reflektiert werden. Ziel ist es, dem Management klar zu machen, dass ein Turnaround logischerweise viele unklare Punkte zu Beginn hat, aber auch, dass daran gearbeitet wird. Des Weiteren gibt so ein Workshop dem Management das Gefühl, eingebunden zu sein.

Workshop „Persönliche Orientierung"

Viele Führungskräfte sind durch den Turnaround verunsichert. Was kommt auf mich zu? Wie habe ich mich zu verhalten? Hier ist es hilfreich, in kleineren Gruppen von maximal 10-12 Teilnehmern zu reflektieren, was übliche Verhaltensmuster in Turnaround-Prozessen sind und wie Führungskräfte damit umgehen. Die Rolle der Führungskräfte im Turnaround wird diskutiert. Das Management soll lernen, mit der Unsicherheit konstruktiv umzugehen.

Folgende Maßnahmen können Ihnen bei der Einbindung und dem Auffangen von Widerständen im Turnaround als Hilfestellung dienen:

Durchführung von Abteilungsdialogen

Jede Führungskraft hat die Aufgabe, sich in ihrer Abteilung mit den Mitarbeitern über den Turnaround zu unterhalten. Was steht an? Was ist schon klar? Was noch nicht? Wie wollen wir bis zum Zeitpunkt, wo die Dinge klar werden, unser Geschäft abwickeln?

Implementierung/Begleitung von kollegialen Beratungsgruppen

Im Rahmen von Veränderungen kann es sinnvoll sein, den Mitgliedern des Managements in bestimmten Abständen die Gelegenheit zu geben, sich gegenseitig zu beraten und zu berichten, wo sie stehen und was sie im Rahmen des Turnarounds beschäftigt. Diese „Turnaround-Stammtische" fördern die Netzwerkbildung und helfen Führungskräften, ihre Situation mit Kollegen zu reflektieren.

Management-Coaching

Führungskräfte, die persönliche Orientierung benötigen, können Coaching von professionellen Coaches in Anspruch nehmen.

Change-Workshops

Mit dem Fortschreiten des Turnarounds kommt der Punkt, an dem sich Abteilungen/Bereiche auflösen werden. Es heißt Abschied nehmen. Dieser Prozess des „Loslassens" sollte begleitet werden. Nur wenn das „Alte" angemessen gewürdigt wurde und abgeschlossen ist, kann man sich auf das „Neue" freuen!

10.5 Prozesssteuerung

Je größer das Unternehmen, desto wichtiger ist es, dass die Maßnahmen aufeinander abgestimmt sind. Nach einer ausführlichen Analyse ist es zwingend notwendig, einen Masterplan zu entwickeln. Dieser Masterplan ist dann die Orientierung für alle Key-Player im Turnaround.

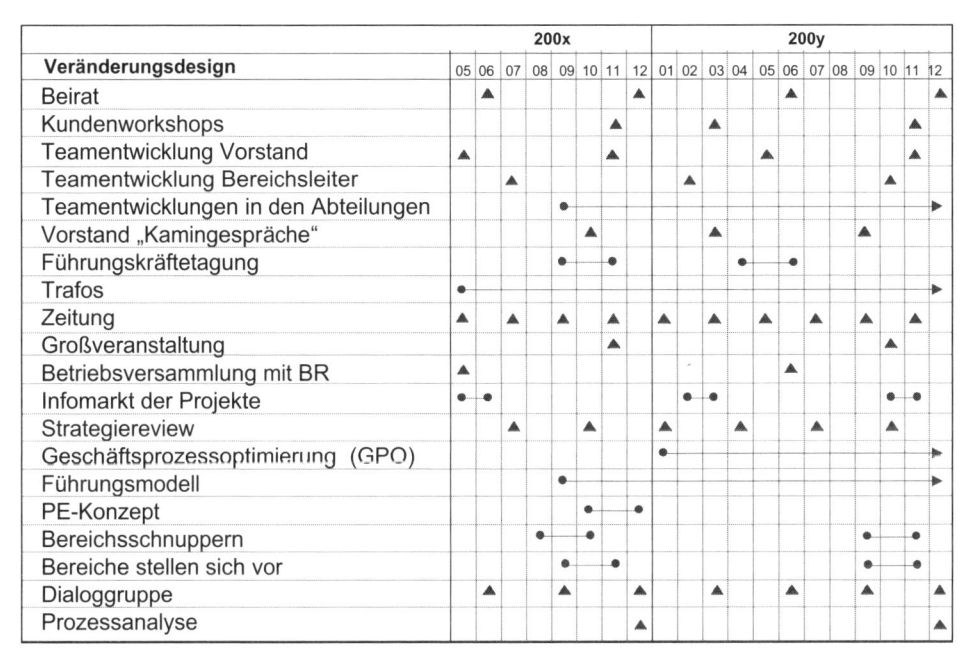

Veränderungsdesign	200x								200y											
	05	06	07	08	09	10	11	12	01	02	03	04	05	06	07	08	09	10	11	12
Beirat			▲					▲						▲						▲
Kundenworkshops							▲				▲							▲		
Teamentwicklung Vorstand	▲						▲						▲					▲		
Teamentwicklung Bereichsleiter			▲									▲					▲			
Teamentwicklungen in den Abteilungen					●															→
Vorstand „Kamingespräche"							▲				▲					▲				
Führungskräftetagung					●		●							●		●				
Trafos	●																			→
Zeitung		▲		▲		▲		▲	▲		▲		▲		▲		▲		▲	
Großveranstaltung							▲											▲		
Betriebsversammlung mit BR	▲												▲							
Infomarkt der Projekte	●—●									●—●								●—●		
Strategiereview				▲		▲			▲		▲		▲		▲		▲			
Geschäftsprozessoptimierung (GPO)											●									→
Führungsmodell					●															→
PE-Konzept							●—●													
Bereichsschnuppern						●—●												●—●		
Bereiche stellen sich vor						●—●												●—●		
Dialoggruppe	▲		▲				▲				▲		▲		▲					▲
Prozessanalyse								▲												▲

Abbildung 18: Beispiel eines Masterplans

Masterpläne sind meistens noch relativ grobkörnig und sollen einen Überblick über die Reihenfolge der Maßnahmen geben.

Achten Sie darauf, dass Sie bestimmte Maßnahmen zur Prozesssteuerung implementieren. Dazu gehören:

Reviewsitzungen mit dem Steeringcommittee

Das Steeringcommittee hat die Rolle des Sponsors des gesamten Veänderungsprozesses. Hier werden Konzepte vorgestellt, diskutiert und entschieden.

▷ Das Steeringcommittee entscheidet, welche Ressourcen zur Durchführung des Veränderungsprojektes zur Verfügung stehen.

▷ Das Steeringcommittee ist Vorbild für den Veränderungsprozess und lebt den neu eingeschlagenen Weg vor.

▷ Das Steeringcommittee sollte in regelmäßigen Abständen die Fortschritte diskutieren und ggf. neue Impulse im Rahmen des Change-Prozesses setzen.

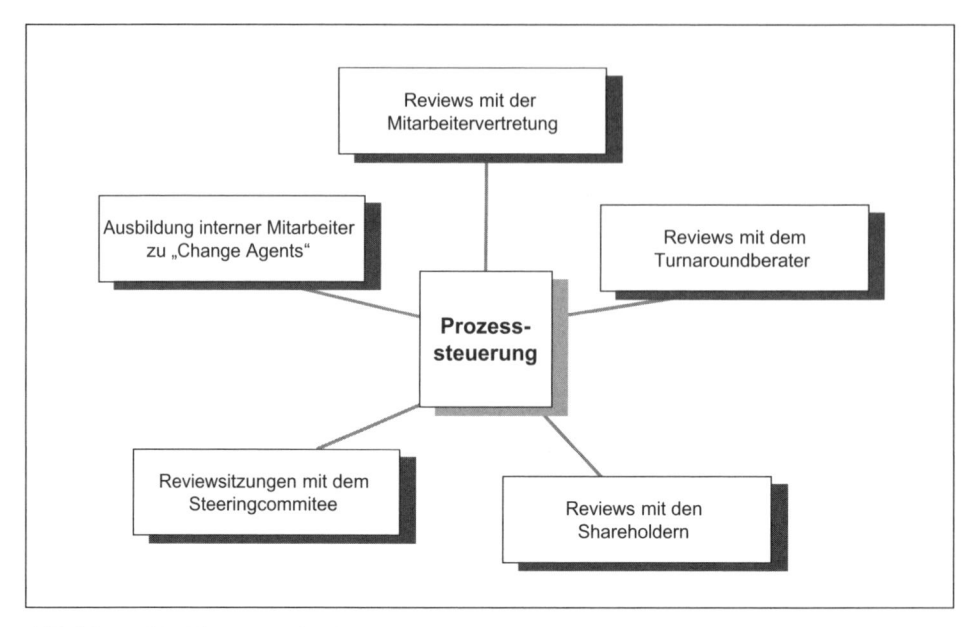

Abbildung 19: Elemente der Prozesssteuerung

Ausbildung interner Mitarbeiter zu „Change-Agents"

Die Change-Agents haben die Aufgabe den Turnaround anzutreiben. Die Rolle der Change-Agents ist:

- neue Impulse zu setzen,
- neue Ideen zu generieren,
- den Gesamtprozess zu beobachten und Rückmeldungen an das Steeringcommittee zu geben,
- den gesamten Veränderungsprozess (Projekte, Informationsdesign, usw.) zu beobachten und zu begleiten,
- „Wühlmaustätigkeiten" (Coaching, Unterstüzung des Managements, Krisenmanagement) zu übernehmen.

Reviews mit dem Turnaroundberater

Betriebsblindheit ist oft ein Problem. In Turnaroundsituationen ist es sehr wichtig, noch eine externe Sicht hinzuzuziehen. Der Turnaroundberater berät und begleitet den

Turnaround von außen. Seine Rolle ist:

- Impulse zu setzen,
- Erfahrungen aus anderen Turnarounds einzubringen,
- das Design des Turnarounds zu entwickeln,
- Coaching und Beratung des Steeringcommittees und der Change-Agents zu übernehmen.

Reviews mit den Shareholdern

Die Shareholder müssen in regelmäßigen Abständen über den Fortschritt des Turnarounds informiert werden. Definieren Sie von Anfang an bestimmte Rückmeldetermine, an denen Sie offen und durchaus kontrovers die Entwicklungen diskutieren.

Reviews mit dem Betriebsrat bzw. der Mitarbeitervertretung

Es ist sinnvoll, mit dem Betriebsrat von vornherein klar festzulegen, wann und wie er in die aktuellen Veränderungen eingebunden wird. Regelmäßige Termine schaffen hier Vertrauen.

10.6 Einschätzung der Geschäftsentwicklung

Die Verabschiedung der richtigen Strategie ist die größte Herausforderung im Rahmen eines Turnarounds. Folgende Fragen haben Sie dabei zu beantworten:

Markt/Kunde
- Marktvolumen
- Leistungsspektrum
- Wettbewerbssituation
- Marktentwicklung
- Kaufkraftentwicklung
- Kundenpotenziale

Produkt/Service
- Preis-, Kostenziele
- Innovation, Technologie
- Qualitätsstrategie
- Dienstleistungen
- Garantie- und Kulanzstrategie

Bereiche/Ressorts
- Fertigungstiefe
- Make oder Buy
- Einkaufspolitik
- Lieferantenstrukturen
- Kostenstrukturen
- Prozesse, Abläufe

Kultur/Verhalten
- Personalpolitik
- Verhalten und Denkstrukturen
- Kommunikation und Zusammenarbeit
- Kundenorientierung, Schnelligkeit, Flexibilität
- Führungsorganisation und -verhalten

Manchmal gleicht das Festlegen einer neuen Strategie dem Blick in die Kristallkugel. Die Zukunft ist trotz aller Planungsversuche nicht hundertprozentig planbar. Was wir leider viel zu oft erleben, sind Strategien, die ohne ein ausreichendes Fundament an Informationen entwickelt werden. Auch wenn es ein paar Euros kostet: Sie kommen nicht darum herum, sich Daten über Märkte, Kunden und Wettbewerber zu besorgen. Neben professionellen Marktforschungsinstituten sind hier vor allem auch Mitarbeiter Ihres Unternehmens die erste Adresse. Veranstalten Sie Experten-Workshops, in denen kontrovers neue Ideen diskutiert werden sollen. Auch wenn nicht immer direkt eine Lösung entsteht, werden Sie durch die Teilnahme an diesen Workshops ein Gefühl dafür bekommen, welche Ihrer Ideen stimmig sind und welche weniger.

Neben einer wenig fundierten Festlegung der Strategie ist aus unserer Sicht die Inkonsequenz der Umsetzung ein großes Problem. Kaum ist etwas entschieden, wird es 5 Minuten später schon wieder relativiert. Eine gewisse Beharrlichkeit ist für die Neuausrichtung des Unternehmens unabdingbar!

Carl von Clausewitz schrieb in seinem Buch „Vom Krieg" 1832 folgende aus unserer Sicht immer noch sehr treffende Formulierung: „Im Krieg befindet sich der Führer eines großen Ganzen im beständigen Wellenschlag von falschen und wahren Nachrichten; von Fehlern, die begangen werden aus Furcht, aus Nachlässigkeit, aus Übereilung; von Widerspenstigkeiten, die ihm gezeigt werden aus wahrer oder falscher Ansicht, aus üblem Willen, wahrem oder falschem Pflichtgefühl, Trägheit oder Erschöpfung; (...) Kurz, er ist hunderttausend Eindrücken preisgegeben, von denen die meisten eine besorgliche, die wenigsten eine ermutigende Tendenz haben. Wer diesen Eindrücken nachgeben wollte, würde keine seiner Unternehmungen durchführen, und darum ist die *Beharrlichkeit* in dem gefassten Vorsatz, solange nicht die entschiedensten Gründe dagegen eintreten, ein sehr notwendiges Gegengewicht. – Ferner gibt es im Kriege fast kein ruhmvolles Unternehmen, was nicht mit unendlicher Anstrengung, Mühe und Not zustande gebracht würde."

10.7 Margenerosion

Die Margenerosion macht den meisten Unternehmen die größten Probleme. Es wird in der Regel nicht genügend verdient. Zwei Stellhebel sind hier genauer zu untersuchen:

- Wo verkaufen Sie die Produkte zu günstig?
- Wo kaufen Sie zu teuer ein?

Eigentlich Binsenweisheiten. Die Praxis zeigt allerdings, dass selten ein Unternehmen hierzu eine transparente Analyse hat.

Pricing

Zum Thema „Pricing" empfiehlt es sich, sich in einem ersten Schritt einen Überblick über folgende Zusammenhänge zu verschaffen:

- Gibt es bezüglich des Ertrags einen Unterschied abhängig von der Auftragsgröße?
- Gibt es Kunden, an denen wir mehr verdienen als an anderen?

Diese Fragen müssen immer unter Berücksichtigung sämtlicher Aufwendungen betrachtet werden. Dazu gehören also auch zum Beispiel die Zusatzaufwendungen, die ein Vertriebsmitarbeiter bei einem sehr empfindlichen Kunden hat, oder auch die höheren Kulanzkosten. Daraus ergeben sich dann wieder Matrizen, die es Ihnen ermöglichen zu entscheiden, wie Sie die Preise abhängig von der Auftragsgröße und Kundengruppe gestalten sollen.

In folgendem Beispiel wird erkennbar, dass das Unternehmen negative Erträge erwirtschaftet bei:

- Industrie und Auftragshöhen bis 500 Euro
- Einzelhandel und Auftragshöhen bis 5.000 Euro
- Großhandel und Auftragshöhen über 5.000 Euro

Des Weiteren zeigt das Schaubild, dass im Export mehr Erträge erwirtschaftet werden als im Inland.

Mit einer solchen Übersicht werden Sie handlungsfähig! Sie sind nun in der Lage, genau zu entscheiden, wo Sie Preiserhöhungen durchsetzen müssen und können klar vor-

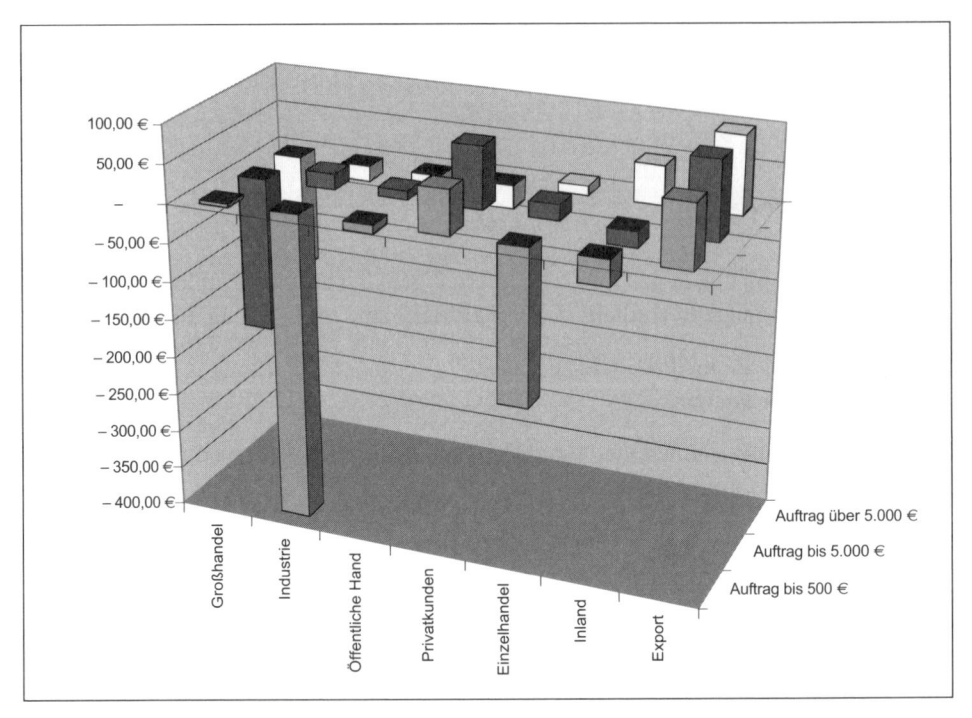

Abbildung 20: Margenerosion

geben, in welchen Märkten/Zielgruppen die Vertriebsaktivitäten verstärkt werden müssen.

Einkauf

Die Fertigungstiefe hat sich in den letzten Jahrzehnten kontinuierlich reduziert. Im Umkehrschluss steigt logischerweise das Einkaufsvolumen. Heutzutage hat ein Industrieunternehmen Größenordnungen von 40-60 % erreicht. Eine zusätzliche Einkaufsersparnis von 3-5 % ist meistens erreichbar. Der Personalkostenanteil in Industrieunternehmen liegt in der Regel bei 30 %. Um den gleichen Effekt durch Personalabbau zu erreichen, müssten Sie schon mindestens 10 % der Belegschaft entlassen. Des Weiteren kommt hinzu, dass Personalabbau immer mit Sozialplankosten und Abfindungen verbunden ist, also erst mittelfristig einen Erfolg verspricht.

Was besonders bei mittelständischen Unternehmen auffällt, ist die Tatsache, dass der Einkauf oft stiefmütterlich behandelt wird. Nicht selten gibt es gar keinen professionellen Einkauf, sondern eher eine „Beschaffung". Da meistens in kleinen Firmen eine

Sinnvolle Handlungsalternativen 135

Person den kompletten Einkauf organisiert, bleibt oft wenig Zeit für Verhandlungen. Der Einkäufer ist froh, wenn er alles geliefert bekommt, was das Unternehmen benötigt. Ein Indiz für wenig Einkaufs- und Verhandlungstätigkeit ist die Struktur der Lieferanten. Wird sehr viel lokal beschafft, ist das oft ein Zeichen für Bequemlichkeit. Man lässt sich vom lokalen Zulieferer beliefern und hat wenig nationale oder internationale Preisvergleiche vorgenommen. Lassen Sie die Entfernung der Lieferanten in Relation zum Einkaufsvolumen ermitteln. Falls ein überproportionaler Anteil im Umkreis von 50 bis 100 km vorliegt, ist das ein Indiz für zusätzliche Einkaufspotenziale.

Abbildung 21 zeigt das Beispiel einer möglichen Lieferantenstruktur.

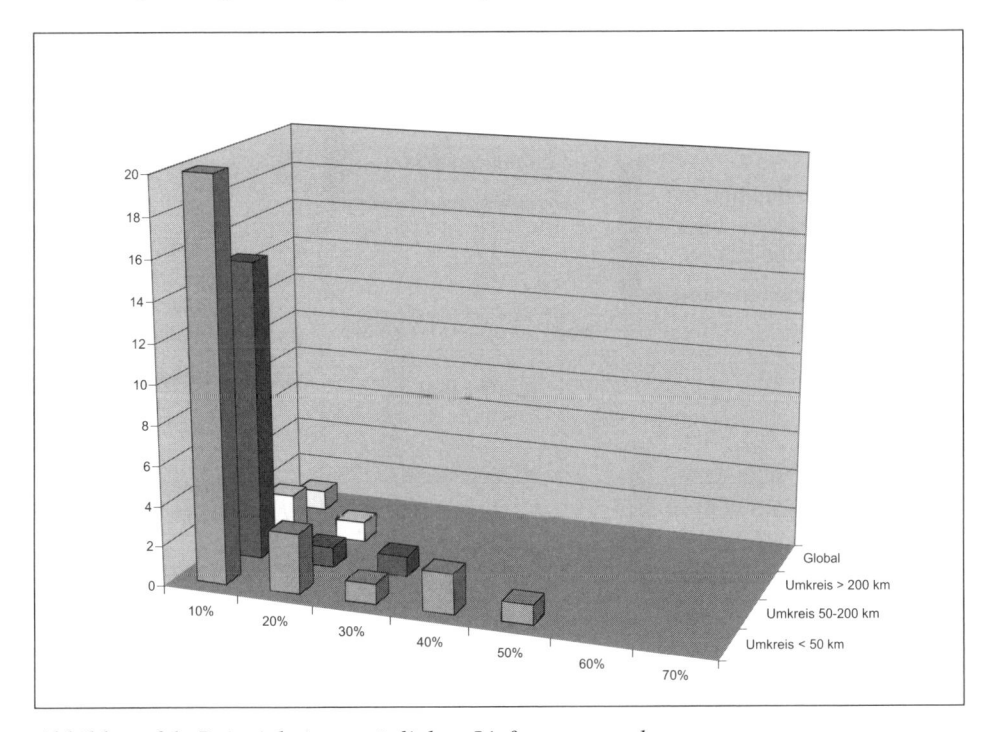

Abbildung 21: Beispiel einer möglichen Lieferantenstruktur

Besonders im Mittelstand ist meist nicht die Ressource für das Nachverhandeln von Konditionen mit Lieferanten vorhanden. Gute Erfahrungen haben wir mit Beratern gemacht, die auf Erfolgsbasis die Preise nachverhandeln.

10.8 Liquiditätsmanagement/Finanzierung

Zahlungsschwierigkeiten sind das größte Problem vieler Unternehmen in Krisenzeiten und führen oft zu einer Insolvenz. Meist sind die Gründe für finanzielle Engpässe sehr vielschichtig. Eine Liquiditätskrise kommt zwar für alle Beteiligten in der Regel „überraschend", bei genauer Analyse sind die Anzeichen dafür jedoch schon sehr früh erkennbar. Dies nützt allerdings in der konkreten Situation auch nicht viel. Hier heißt es, schnell durchzugreifen.

Folgende Stellhebel sollten überprüft werden und ggf. aktiviert werden:

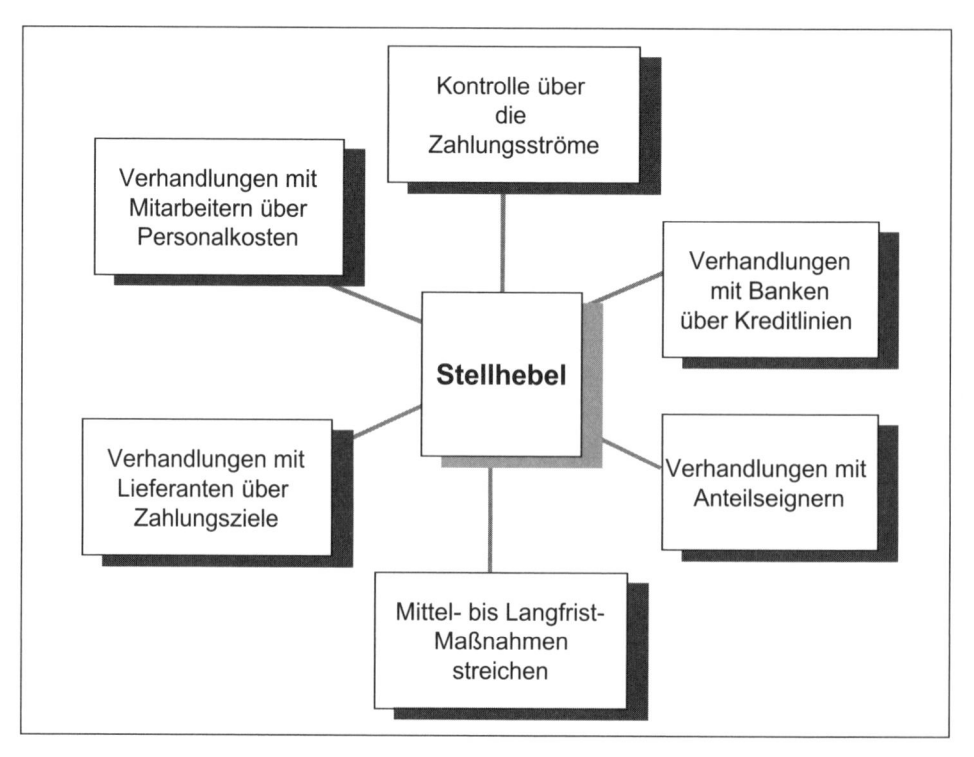

Abbildung 22: Stellhebel des Liquiditätsmanagements

Kontrolle über die Zahlungsströme

„Schließen Sie die Schecks ein" lautet der Grundsatz! Fordern Sie, dass sämtliche Zahlungen nur mit Ihrer Zustimmung getätigt werden. Allein die Tatsache, dass die Freigaben durch Sie erfolgen müssen, führt zu einer Zurückhaltung im Management bei Ausgaben. Außerdem hilft Ihnen dies immer zu überblicken, welche Ausgaben aktuell notwendig sind.

Wir empfehlen eine zweistufige Vorgehensweise:

1. Freigabe für Bestellungen
2. Freigabe der Zahlungen

Die entsprechenden Listen sollten auf Wochenbasis vorliegen. Je größer das Unternehmen, desto schwieriger wird es, diese Tätigkeiten selber wahrzunehmen. Eine Ihrer ersten Aufgaben ist es daher, einen guten Controller einzusetzen, dem Sie vertrauen können und der den Überblick über die Budgets und Zahlungen hat.

Verhandlungen mit Banken über Kreditlinien

Hier gilt der Grundsatz: Den Kreditrahmen niemals zu knapp festlegen! Nachkarren ist in Krisensituation extrem schwer. Banken haben vor allem sehr wenig Verständnis, wenn die prognostizierten Umsatz- und Ertragszahlen nicht so eintreffen, wie sie geplant waren. Folgende Unterlagen empfehlen wir Ihnen für die Bankenverhandlungen zusammenzustellen:

Aktuelle Information zur Entwicklung der Branchensituation

▶ Beurteilung der Stellung des Unternehmens im Wettbewerb
▶ Brancheninformationen
▶ Geplante Neuinvestitionen in zukünftige Produkte/Märkte
▶ Detaillierte Darstellung eines überzeugenden Turnaroundkonzeptes
▶ Zeitplan für die einzelnen Turnaround-Maßnahmen
▶ Finanz- und Liquiditätsplan
▶ Planbilanzen
▶ Abstimmung des Turnaround-Reportings (Umfang, Art, Termine)
▶ Personelle Veränderungen im Management des Unternehmens
▶ Zustimmung zum Konzept durch einen externen Tumaroundspezialisten
▶ Zustimmung zum Konzept durch den Steuerberater oder Wirtschaftsprüfer
▶ Externe Unterstützung des Managements bei der Umsetzung des Turnaround-Konzeptes durch einen Turnaroundexperten
▶ Mithaftung des Privatvermögens der Gesellschafter
▶ Beantragung öffentlicher Kredite/Bürgschaften
▶ Optimierung Debitoren, professionelles Kreditoren-Management
▶ Transparenz über die gesamten Kreditlinien sowie die vereinbarten Sicherheiten des Kreditnehmers
▶ Gleichbehandlung unter den kreditgebenden Banken
▶ Aufzeigen der Entwicklung bei Kreditablehnung

Wie bei allen Verhandlungen ist es immer besser, mit der Bank zu einem Zeitpunkt zu verhandeln, wo die Krise sich noch nicht zugespitzt hat. Banken machen leider immer noch zu einem Teil eine Rückschau. Wenn die letzten 1 bis 2 Bilanzen eher kritisch zu betrachten sind, tun sich Kreditgeber immer viel schwerer, als wenn die Zahlen der Vergangenheit noch positiv sind.

Wie schon mehrfach erwähnt, spielt bei einem Turnaroundkredit das Vertrauen in das Konzept, aber vor allem in die Person, die das Konzept umsetzen soll, eine sehr wichtige Rolle. Falls Sie als Geschäftsführer durch das Nicht-einhalten von Planzahlen in der Vergangenheit das Vertrauen verloren haben, ist es aus taktischen Gründen sehr wichtig, in den Hintergrund zu treten. Schalten Sie professionelle Turnaroundmanager ein. Diese sind nicht durch Altlasten geprägt. Die Chance, dass die Bank diesem Profi den Turnaround zutraut, ist viel größer.

Verhandlungen mit den Anteilseignern

In Krisenzeiten ist es wichtig, sämtliche Geldquellen anzuzapfen. Entweder durch Kapitalerhöhungen (neue Gesellschafter, Erhöhung des Anteils bestehender Gesellschafter) oder durch eigenkapitalersetzende Darlehen der Gesellschafter. Die Gesellschafter haben immerhin im Falle einer Insolvenz viel zu verlieren. Die Chance, dass nach der Insolvenz noch etwas von dem Eigenkapital übrig bleibt, ist in der Regel sehr gering.

Mittel- bis Langfrist-Maßnahmen streichen

Wenn es um das kurzfristige Überleben eines Unternehmens geht, müssen sämtliche Register gezogen werden. Streichen Sie alle Ausgaben, die nicht kurzfristig Ertrag generieren. Beispiele hierfür sind:

- Schulungen
- Messen
- Marketingaktivitäten
- Mitarbeiterevents
- Kundenevents
- Teure Nachdrucke
- Renovierungen
- Nicht sofort notwendige Instandhaltungen
- Neuanschaffungen von Maschinen bzw. Investitionsgütern
- Projektbudgets, die erst mittelfristige Ergebnisse bringen sollen
- PKW-Anschaffungen
- Beratungsleistungen

Dies darf jedoch kein Dauerzustand werden. Es kann sonst passieren, dass sich der Geschäftsführer daran gewöhnt, das Weiterbildungsbudget klein zu halten. Mittelfristig wäre dies jedoch für die Entwicklung des Unternehmens katastrophal.

Verhandlungen mit Lieferanten über Zahlungsziele

In dem Moment, in dem Sie an Lieferanten herantreten und ein Moratorium bzw. eine Stundung der Zahlungen anfragen, wird die Krise öffentlich. Dies muss wohlüberlegt sein. Fakt ist jedoch, das es immer besser ist, offensiv auf die Lieferanten zuzugehen, als bis zur dritten Mahnung zu warten. Sprechen Sie die Lieferanten an und bitten Sie um eine Zahlungszielverlängerung oder um eine Ratenzahlung. Wenn die Rückstände des Lieferanten nicht zu hoch sind, wird er sich in der Regel darauf einlassen. Dies schafft Ihnen zusätzlichen Spielraum. Achten Sie jedoch darauf, sich an die Vereinbarungen zu halten. Wenn Sie es erreicht haben, aus 30 Tagen Zahlungsziel 90 zu machen, ist es sehr wichtig, dass Sie auch pünktlich nach 90 Tagen zahlen.

Verhandlungen mit Mitarbeitern über Personalkosten

Unliebsam, aber notwendig. In den meisten Unternehmen ist dies ein Tabuthema. Oft werden lieber Mitarbeiter entlassen, als dass mit den Mitarbeitern über Abstriche von Leistungen gesprochen wird. In Zeiten, in denen es dem Unternehmen gut ging, wurden soziale Leistungen aufgebaut, die in Zeiten der Krise nicht mehr tragbar sind.

Wir hatten den Fall eines Unternehmens, das kurz vor der Insolvenz stand, die Mitarbeiter aber noch jede Überstunde ausbezahlt bekamen. In Zeiten der Krise muss es auch möglich sein, mit den Mitarbeitern eine temporäre Gehaltsreduzierung zu vereinbaren. Voraussetzung ist die offene Kommunikation mit den Mitarbeitern.

10.9 Unterschlagung/Betrug

„Wenn schlechte Zahlen gemeldet werden, sind diese meistens in Wirklichkeit noch schlechter." Diese alte Bilanzweisheit zeigt sich immer wieder. Geht es einem Unternehmen gut, werden Rücklagen an allen Stellen geschaffen. Geht es dem Unternehmen schlecht, geht es „in Wirklichkeit" dem Unternehmen noch schlechter. Dies ist auch logisch, da durch die Auflösung von „stillen Reserven" eine gewisse Zeit noch die Ergebnisse „geschönt" werden können. Aus diesem Grund empfehlen wir Ihnen in Krisenzeiten, die „schlechten" Ergebnisse in Ihrer eigenen Betrachtung noch schlechter zu bewerten. Die Erfahrung zeigt, dass Sie damit meistens richtig liegen!

Als Unternehmensführer empfiehlt es sich sowieso, zum Start eines Turnarounds möglichst viele Altlasten im Moment der Krise „über Bord" zu werfen. Es ist auch immer gut, nach einer nicht allzu langen Periode erste Erfolge nachweisen zu können.

An dieser Stelle wollen wir jede Führungskraft in Krisensituationen eindringlich davor warnen, Ergebnisse „kosmetisch" aufzubereiten. In allen Fällen hat sich das negativ auf die „Beschöniger" ausgewirkt. In Krisenzeiten benötigen Sie den Rückhalt vieler Mitspieler. Banken, Investoren, Inhaber, Presse usw. können viel verkraften. Wenn sie aber das Vertrauen in Sie als Turnaroundmanager verloren haben, müssen Sie gehen.

Eine Umfrage, bei der wir 30 Bankvorstände über die Gründe für die Ablehnung von Firmenkrediten befragt haben, erbrachte die folgenden häufigsten Nennungen.

1. Mangelndes Vertrauen in die Geschäftsführung bzw. den Inhaber
2. In Frage gestellte Kapitaldienstfähigkeit
3. Ungenügende Sicherheiten

Daraus wird sichtbar, was Sie als Unternehmensführer aufs Spiel setzen, wenn Sie Ergebnisse beschönigen. Sie verlieren Ihr wichtigstes Kapital: das Vertrauen! In vielen dieser Situationen empfehlen wir Inhabern sogar, abzutreten, da einfach kein Vertrauen mehr in die Person vorhanden ist.

10.10 Komplexität reduzieren

Wo entsteht die Wertschöpfung im Unternehmen? Eine simple Frage, auf die Geschäftsführer oft keine klare Antwort haben. Die meisten Unternehmen werden durch eine immer höher werdende Komplexität geradezu erschlagen. Das Produkt- und Leistungsportfolio ist so groß, dass es kaum noch überschaubar ist, wo wie überhaupt Geld verdient wird und ob Quersubventionen von einem zum anderen Produkt stattfinden. Wenn Sie als Unternehmensführer hierüber keine Klarheit erlangen, sind Sie nicht in der Lage, die richtigen Entscheidungen zu treffen. Definieren Sie daher Produktkategorien und ordnen Sie sämtliche Kosten (Fixkosten, Mitarbeiter und variable Kosten) diesen Produkten zu.

Unsere Erfahrung zeigt, dass die meisten Manager extrem überrascht sind, wenn sie Auswertungen dieser Art betrachten. Nur wenn Sie wissen mit welchen Produkten sie in welchem Markt oder bei welchen Kunden Geld verdienen, können Sie die richtigen Entscheidungen treffen.

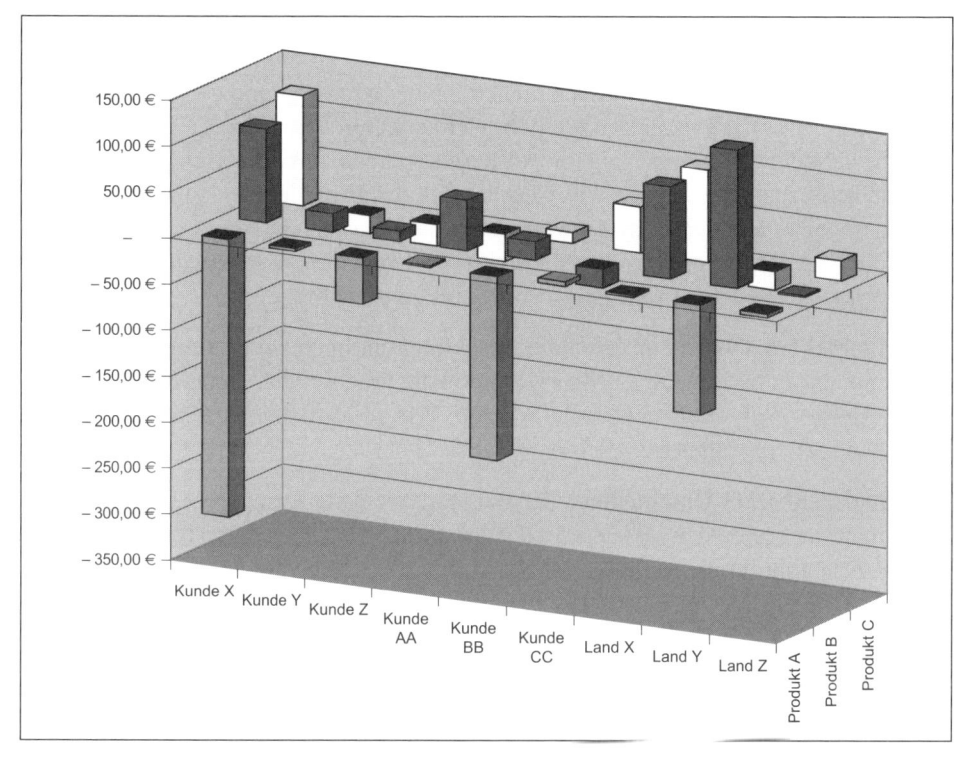

Abbildung 23: Beispiel einer auf Kunden bezogenen Produktkostenrechnung

Ein Vergleich mit einem Haus, das nie entrümpelt wurde, ist aus unserer Sicht sehr treffend. Im Laufe der Jahre sammeln sich Produkte und Dienstleistungen an, die in der Regel nicht gewinnbringend sind und eine Menge an Ressourcen binden. Im Rahmen eines Turnarounds ist das „Entrümpeln" des Unternehmens eine der Hauptaufgaben. Neue Produkte zu implementieren und neue Märkte zu erschließen, ist meistens eine mittel- bis langfristige Strategie. Altlasten über Bord zu werfen, bringt kurzfristig Erfolg und sollte somit im Fokus des Turnaroundmanagers stehen!

10.11 Produktivität als wichtiger Stellhebel

Die Produktivität – eigentlich eine Selbstverständlichkeit, die in Turnarounds oft vernachlässigt wird. Interessanterweise werden oft Zahlen und Daten analysiert und daraus dann Schlussfolgerungen und Maßnahmen entwickelt. Oft kommt man dann zu dem Ergebnis, dass die Personalkosten zu hoch sind und die Fixkosten reduziert werden müssen. Entsprechende Maßnahmen werden dann eingeleitet. Eine spannende

Frage wird aber selten gestellt: Können überhaupt weniger Mitarbeiter das gleiche Geschäft abwickeln bzw. welche Voraussetzungen müssen geschaffen werden, dass dies in Zukunft möglich ist? Wie müssen die Arbeitsbedingungen und die Rahmenbedingungen sein, dass die Produktivität erhöht werden kann? Wenn das zu wenig beachtet wird, besteht die Gefahr eines unkontrollierten Sparens, das erhebliche Gefahrenpotenziale beinhaltet. Aussprüche wie: „Da hat sich das Unternehmen zu Tode gespart", sind gar nicht so selten. Neben den Maßnahmen zur Kostenreduzierung gilt es, gleichzeitig die Arbeitsbedingungen der Mitarbeiter zu betrachten. Wie ist die Produktivität und wie kann diese erhöht werden, ist dabei eine zentrale Frage.

Den Mitarbeitern dabei mehr aufzubürden, gelingt nur in einem bestimmten Umfang. Oft klappt dieses nur scheinbar. Meistens steigt die Produktivität nicht. Hingegen werden bestimmte Aufgaben nicht mehr erledigt. Wie gefährlich dies sein kann, wollen wir anhand des folgenden Beispiels aufzeigen:

Ein mittelständisches Unternehmen der Bauindustrie hatte Ertragsprobleme. Das Unternehmen war regional organisiert. In den jeweiligen Gebieten waren die Projektleiter sowohl zuständig für die Akquise von Neuaufträgen als auch die Abwicklung der Projekte. Um die Kosten zu senken, entschied der Geschäftsführer, sich von 30 Prozent seiner Projektleiter zu trennen. Diese Entscheidung schien die richtige zu sein. Immerhin konnten die Gebiete auch in der darauf folgenden Zeit zunächst genauso viele Baustellen abwickeln und auch genauso viele Aufträge reinholen. Dennoch war dies eine kardinale Fehleinschätzung! Um mit dem erhöhten Arbeitsaufwand fertig zu werden, mussten die Projektleiter bestimmte Tätigkeiten streichen. Arbeiter fuhren nicht mehr so oft auf die Baustellen (die Zeit hatten sie ja nicht mehr!). Die Folge war, dass die Qualität der Arbeiten auf den Baustellen langsam aber sicher nachließ. Dies zeigte sich ein Jahr später in den Nachkalkulationen der Projekte. Die Reklamationsquote stieg von 3 % auf 10 %.

Ein weiterer Produktivitätsfaktor ist letztendlich der Mitarbeiter. Besonders in Krisensituationen sinkt die Motivation. Wenn die Mitarbeiter kein Vertrauen in Sie und in den Turnaround bekommen, sinken die Chancen des Krisenmanagements rapide. Maßnahmen zur Integration der Mitarbeiter in den Turnaround sind somit von entscheidender Bedeutung.

11. Geschichten

Unternehmen in Krisenzeiten zu führen, ist ein Cocktail aus externen Faktoren und den Persönlichkeitsmerkmalen der verantwortlichen Führungskraft. Dies ist hoffentlich durch unsere Ausführungen klar geworden. Nun hat jede Unternehmenskrise ihre eigene ganz persönliche Geschichte. Im Laufe unserer Tätigkeit als Führungskräfte und Unternehmensberater hatten wir die Chance, an einigen dieser Geschichten teilzuhaben. Einige hatten ein „Happy-End", andere nicht. An manchen war recht deutlich nachvollziehbar, dass eindeutige Managementfehler gemacht wurden. Bei anderen waren die externen Faktoren so gravierend, dass die Krise leider nicht mehr abzuwenden war.

Wir haben einige dieser Krisen-Geschichten aufbereitet, selbstverständlich verfremdet und erzählen Sie Ihnen gerne. Wir wollen diese Geschichten dabei nicht weiter kommentieren, da Sie nach aufmerksamer Lektüre gleich erkennen werden, wo und wie Versäumnisse entstanden sind und Fehler begangen oder aber die richtigen Weichen gestellt wurden.

11.1 Hoch- und Tiefbau Wagner

Wie jedes Jahr verbrachte Horst Wagner auch in diesem Winter wieder seine Skiferien im noblen Hotel Belvedere in Gstaad. Während der ganzen 10 Tage herrschte Traumwetter und der Aufenthalt schien perfekt. Irgendwie konnte Horst W. jedoch seit einigen Tagen nicht mehr so gut schlafen. Er wachte nachts oft auf und merkte, wie seine Gedanken beim Geschäft waren. Er war Geschäftsführer eines Bauunternehmens mit 150 Mitarbeitern und nun in vierter Generation verantwortlich für die Geschicke der Firma. „HTW", „Hoch- und Tiefbau Wagner", war in dem kleinen Ort Großenkneten der größte Arbeitgeber. Wie immer fiel die Rechnung am Tag der Abreise üppig aus. 3.800 Mark an Nebenkosten. Wo früher ohne mit der Wimper zu zucken einfach die Kreditkarte gezogen hätte und noch 10% Trinkgeld dazugerechnet hätte, ertappte er sich dabei, sich mehr und mehr zurückzuhalten.

Nach seiner Rückkehr würde er ein unangenehmes Gespräch mit dem Vorstand der Hausbank führen müssen. Die Kreditlinie war mal wieder ausgeschöpft und er musste diese erneut erweitern lassen. Richtig unangenehm war ihm dieses Gespräch. Insbesondere deshalb, weil schon letztes Jahr, fast um die gleiche Zeit, die Linie erst ordentlich aufgestockt wurde. Dafür musste er ein weiteres Familiengrundstück als Sicherheit hinterlegen. Der Bankvorstand, der schon mit seinem Vater lange Jahre zusammengearbeitet hatte, nahm ihn beiseite und bat ihn, er möge doch die Firma „wieder auf Kurs" bringen. Die Entwicklung mache ihm „wirklich Sorgen". Damals hatte er dem Vorstand zugesagt, dass alles besser werden würde. Im Bau liefe es halt allgemein nicht so gut. Aber er habe einige „dicke Fische" an der Angel und dann würde alles wieder gut. Nun, ein Jahr später ist die Situation eher schlechter geworden. Die Bilanzen sahen zwar immer noch sehr gut aus. Er wies auch immer noch Gewinne aus. Das konnte er aber nur, weil er – wie jedes Jahr – das eine oder andere Grundstück, das als stille Reserve schon längst abgeschrieben war, verkaufte und somit einen außerordentlichen Ertrag erwirtschaftete. Nur so langsam gingen ihm die Grundstücke aus. So richtig hat er aber auch nichts verändert in den letzten Jahren.

Dass er die Kreditlinienerweiterung nicht bekommen würde, konnte er sich gar nicht vorstellen. Das einzige Unangenehme war das „väterlich-besorgte" Gesicht des Bank-Vorstands. Diesmal lief aber alles anders. Herr Direktor Meyer erwartete ihn schon. Er kam diesmal schnell zur Sache und meinte, dass er unter den jetzigen Umständen einer Krediterweiterung nicht zustimmen könne. Die Sicherheiten wären ausgereizt und er sehe zur Zeit auch keine Besserung. Horst W. möge doch aus eigenen Mitteln das Unternehmen wieder auf Kurs bringen! Die Nachricht traf ihn wie ein Pfeil ins Herz. Er bedankte sich und ging. Es wäre ihm auch peinlich gewesen, noch einmal nachzukarren. Erst vor der Tür wurde ihm bewusst, dass die aktuellen Löhne, die in 10 Tagen fällig würden mit der bisherigen Kreditlinie nicht bezahlt werden könnten. Er setze sich in seinen Audi A8 und fuhr ziellos durch die Gegend. Was tun? Er dachte sogar an Selbstmord. Wenn er jetzt einfach in dieser Kurve geradeaus, gegen den Baum fahren würde? Einzig und allein die Verantwortung gegenüber seiner Familie hielt ihn wohl in dieser Sekunde davon ab. Er hielt vor seinem Stammlokal und blieb dort bis zur Sperrstunde. Auf der Fahrt nach Hause kam er noch in eine Polizeikontrolle. 1,7 Promille. Er musste mit dem Taxi nach Hause fahren. „Der Lappen ist dann wohl für einen Weile weg", sagte ihm der freundliche Polizist. „Ein Unglück kommt selten allein", dachte er sich. „Was tun?", ging Ihm noch durch den Kopf, bevor er in einen unruhigen, traumlosen Schlaf fiel.

Am nächsten Morgen fuhr er ganz früh in die Firma. Er holte sich seinen Buchhalter und sie gingen gemeinsam die Liquiditätssituation durch. Dabei stellte er fest, dass er noch enorme Forderungen gegenüber Kunden hatte. Wenn die nun reinkämen und auf der anderen Seite die Zahlungen an Lieferanten nicht mehr skontiert würden, sondern nur noch netto gezahlt werden würde, wäre der 30. mit der Lohnzahlung kein Problem mehr. Er rief ein paar seiner Großkunden an, fragte nach, wie es denn mit der Zahlung von noch offenen Rechnungen aussähe und tatsächlich, in den nächsten Tagen gingen einige größere Beträge ein. Problem gelöst!

Er hatte sich wirklich vorgenommen, einmal grundsätzlich zu analysieren, woran es liegt, dass seine Firma kein Geld verdient. Das Problem war nur, dass er dazu fast keine Zeit hatte. Da war das Bauamt, dass ihn schon wieder schikanierte mit neuen Forderungen. Ein Berater vom TÜV war diese Woche avisiert um die Rezertifizierung nach ISO 9000ff durchzuführen. Dafür musste er noch einige Meetings mit den Mitarbeitern planen und durchführen. Außerdem musste er noch mit einigen Großkunden zum Essen gehen, um die aktuellen Folgeaufträge zu besprechen. Er arbeitete viel und konnte trotzdem schlecht schlafen. Er verdrängte das Problem. Insgeheim wusste er, dass er das Problem verdrängt. Nun was sollte er machen? So war er halt.

So langsam redete man im Ort schon darüber, dass wohl irgend etwas nicht stimmt bei HTW. Die kleinen Händler und Zulieferer müssen schon die 3. Mahnung schreiben, bevor die Rechnungen bezahlt werden. Die Gehälter werden auch nicht pünktlich zum 30. ausbezahlt, sondern zwischen dem 5. und 10. des Folgemonats. Am Anfang konnte Horst W. noch sagen, dass es wohl „in der Buchhaltung" ein paar Unstimmigkeiten gab, das glaubt man ihm aber nun nicht mehr. Die ersten drei Kündigungen seiner besten Poliere hat er schon hinnehmen müssen. Die sind direkt zu seinem Wettbewerber „übergelaufen". Auf die direkte Frage antwortete einer der Mitarbeiter „dass ihm die Situation hier zu unsicher wäre". So weit ist es schon, dachte er: „Die Ratten verlassen das sinkende Schiff!" Dummerweise ist er der Kapitän. „Und der geht mit dem Schiff unter", sagte er zu sich.

„Diesmal sollen es drei Wochen Südsee sein!", erzählte Horst W.s Frau der Bäckerin ganz stolz auf die Frage wohin es denn über Ostern in den Urlaub gehe. Als die Bäckerin ganz naiv nachfragte, ob sie sich das denn in der aktuellen Situation überhaupt leisten könne, reagierte sie ganz irritiert. „Wieso denn nicht?", fragte sie. „Ja wissen Sie, es wird so einiges so geredet, dass es der Firma nicht so gut ginge", meinte die Bäckerin. Als Frau W. abends ihren Horst damit konfrontierte, meinte er, dass das mal wieder typisch sei für so einen kleinen Ort. Stimmt, „es gäbe so ein paar Probleme, aber nichts Gravierendes". Er hatte es nicht fertig gebracht, seiner Frau die Wahrheit zu erzählen. Er war immer der große Unternehmer, der großzügig mit der Kreditkarte umging. Seiner Frau einzugestehen, dass die Zukunft nicht mehr so rosig aussieht, fehlte ihm einfach der Mut.

Der Urlaub war wie eine Flucht. Es war wirklich wie im Paradies. Weiße Sandstrände. Smaragdgrünes Meer. Tolles Essen. So richtig konnte er jedoch nicht flüchten. Er wusste nämlich, dass er am 30. zurückfliegen würde. Und die Gehälter waren wieder nicht abgesichert. Diesmal gab es keine Reserven mehr. In der Zwischenzeit hatte er schon eine weitere Hypothek auf das Privathaus aufgenommen. Diesmal bei einer anderen Bank, weil er sich das Stirnrunzeln des Direktors ersparen wollte. Mehr Geld hatte er nicht mehr. Er rauchte wieder mehr und trank auch wieder mehr als das eine Glas Wein abends.

Als am 10. die Gehälter immer noch nicht überwiesen waren, wollten die Arbeiter nicht mehr weiterarbeiten. Er musste notgedrungen eine Betriebsversammlung einberufen. „Wir haben Liquiditätsprobleme. Ich kann eure Gehälter nicht auszahlen. Es wird wohl noch ein paar Tage dauern. Ich warte noch auf den Zahlungseingang von der Baustelle Müller", erzählte er. Auf die Frage eines Arbeiters, wie es denn grundsätzlich weitergehe, beschwichtigte er und sagte, dass die Zeiten halt schwieriger geworden seien, aber man „fest an einer Reorganisation arbeiten würde". Das war natürlich glatt gelogen. Die Mitarbeiter nahmen es besser, als er erwartet hatte. „Ich habe doch gute Leute", dachte er sich.

Nach der Betriebsversammlung merkte er, dass er nun Nägel mit Köpfen machen muss. Er rief einen Freund an und erkundigte sich nach einem guten Sanierungsberater. „Der wird dann den Laden richtig sanieren." Der Berater kam, schaute sich die Bücher an und verschaffte sich einen Überblick. Das Ergebnis war niederschmetternd. Er empfahl ihm, noch am gleichen Tag zum Amtsgericht zu gehen, da er sich ansonsten wegen Insolvenzverschleppung strafbar machen würde. Horst W. versuchte, die Situation herunterzuspielen. „So schlimm sei es doch gar nicht", versuchte er zu entschärfen. Erst als der Berater nochmals die Punkte aufzählte und ein kleines Szenario der nächsten Monate ausmalte, dämmerte es Horst W. langsam, dass es mit dem Geschäft wohl vorbei sei. Er bedankte sich bei dem Berater, verließ das Unternehmen und ging spazieren. „Das war's dann wohl", dachte er sich.

Am nächsten Morgen um 9:00 Uhr ging er zum Amtsgericht, um den Insolvenzantrag zu stellen. Der Verwaltungsvorgang wurde aufgenommen. Nachmittags trat er dann vor seine Mitarbeiter und verkündete, dass er einen Insolvenzantrag gestellt hätte. Er hofft, dass alles gut weitergehe. Das wäre aber nun „nicht mehr in seiner Hand".

Nun, zwei Jahre danach geht es ihm schon wieder besser. Das Unternehmen wurde liquidiert. Es war schon hart zuzuschauen, wie die Aasgeier über den Rest der Firma herfielen. Wie im Ort über ihn und seine Firma gelästert wurde. Seine Frau ist noch nicht darüber hinweggekommen. Das macht ihm fast am meisten Kummer. Wie gern würde er ihr noch zeigen, dass er ein großer Unternehmer ist. Nun hat er ein kleines Baugeschäft. Seine Frau macht die Buchhaltung. Er fährt auf die Baustelle. Etwas ist überraschend: Er kann wieder gut schlafen.

11.2 Die Ideenlos GmbH

Der Umzug war schon eine große Herausforderung. Das Möbelhaus „Siegfried" hatte das neue Verkaufsgebäude im Einkaufspark bezogen. Alles war viel größer, heller und freundlicher als im alten Verkaufshaus in der Innenstadt. Es sind auch viel mehr Parkplätze vorhanden und Flächen für Sonderverkäufe vor dem Haus oder sogar auf dem Dach können genutzt werden.

Der Leiter des Möbelhauses, Herr Markus M. freut sich über das neue Ambiente und die vielen Marketing-Aktionen, die er nun starten will. Das Möbelhaus ist in der Stadt schon lange etabliert. Es ist ein alteingesessenes Geschäft, schon der Vater und auch ein Onkel von Markus haben sich hier einen Namen gemacht. Und dieser Name soll weiterhin Symbol für Qualität, Service und Kundenfreundlichkeit sein.

Die Eröffnungsaktionen und die vielen preisreduzierten Angebote locken viele Besucher an. Markus M. freut sich über diese ersten Erfolge. Allerdings macht er sich Sorgen, da die vielen Werbeaufwendungen massiv Geld gekostet haben. Es sind nicht nur die Preisreduzierungen, es sind die Werbematerialien und Anzeigen, die Aktionskünstler, die Kinderbetreuung, das verbilligte Restaurantessen für die Besucher und die Werbegeschenke für die Kunden. Markus M. hofft, dass das Geld wieder hereinkommt. In den ersten Eröffnungstagen war der Umsatz nicht schlecht, aber die Erträge lassen zu wünschen übrig. Er überlegt, ob er so viel Personal wirklich braucht. Vielleicht lassen sich auch Studenten einsetzen, die verdienen weniger. Er schiebt die Bedenken beiseite: „Das ist schließlich mein unternehmerisches Risiko und auch mein Know-how, hier wirtschaftlich zu denken.".

In den ersten Wochen lassen die Besucherströme nach. Manchmal sind tagsüber kaum Kunden im Hause. Erst abends belebt sich das Geschäft. Und auch an den Samstagen wird ein guter Besuch verzeichnet. Die Umsätze bleiben jedoch weit hinter den Erwartungen zurück. Die Warengruppen, die am meisten umgesetzt werden, sind eher Interieur, Gardinen, Tisch- und Bettwäsche sowie Lampen. Möbel werden nur wenig verkauft. Markus M. schiebt das auf die regionale Nähe von Konkurrenten. Doch dort wird nur Billigware verkauft. Er kann sich nicht vorstellen, warum so wenige solide Möbel umgesetzt werden können.

Die Bedenken von Markus M. werden immer stärker. „Vielleicht war der Umzug doch nicht die richtige Entscheidung" mutmaßt er. Er würde zu gerne wissen, wie die Entwicklung der Umsätze und Erträge der anderen Möbelhäuser verläuft. Wird dort anders gewirtschaftet? Sind dort auch Ertragseinbußen zu verzeichnen?

Anlässlich eines Sommerfestes wiederholt Markus M. die große Werbeaktion. Alle Haushalte der Stadt bekommen Coupons für verbilligten Einkauf. Vor dem Möbelhaus wird ein Jahrmarkt aufgebaut, es gibt Wurst und Pommes frites, Kuchen, gebrannte Mandeln. Die Kinder können auf Karussell und Go-Carts fahren oder auf Esel und Pony reiten. Die weiblichen Gäste bekommen eine Rose geschenkt und jeder Kunde im Haus wird mit einem Glas Sekt begrüßt. Zauberer, Feuerschlucker und Pantomime-Künstler führen ihre Auftritte vor. „Nur nicht kleckern, sondern klotzen!", ist das Motto. Dieses Fest kommt gut an. Das hatte er doch gewusst. Eine einmalige Aktion reicht nicht aus, um sich ins Bewusstsein der Kunden zu bringen.

In der darauf folgenden Woche erschrickt er bei den Umsatzzahlen. Es wurde wieder nur wenig verkauft. Der Umsatz lag weiterhin bei den wenig ertragreichen Produktgruppen. „Und das bei dem Aufwand; Tausende Euros haben die Aktionen gekostet!" Er lässt sich nichts anmerken. Die Belegschaft ist schon etwas verwundert, spricht ebenfalls nichts an. Einerseits wurde ein solches Spektakel mit Festen und Geschenken früher nie veranstaltet und andererseits war früher im Möbelhaus weitaus mehr ernsthafte Kundschaft, die nicht „nur mal schauen" wollte, sondern die auch etwas gekauft hat.

Markus M. meint, dies sei nur die erste Durststrecke. Wenn sich erst einmal alles eingespielt hat und überall bekannt ist, dass das Möbelhaus „Siegfried" jetzt im Einkaufspark angesiedelt ist, wird schon alles wieder gut. Zunächst will er sehen, dass er in der Fabrikation und im Großhandel bessere Preise herausholt. Leider kommt er mit diese Idee gar nicht gut an, denn seine Verbindlichkeiten werden immer größer. Manche Lieferanten kündigen an, erst wieder zu liefern, wenn die alten Schulden beglichen sind. Dass man so hart mit ihm umging, hatte Markus nicht erwartet. Schließlich vertritt er doch ein alteingesessenes Unternehmen. Er sucht nach neuen Lösungen. Vielleicht sollte er den Service verbessern. Er will mit Handwerkern kooperieren, die für Kunden schnell und preiswert Einbauten vornehmen und weitere Reparaturen durchführen. Allerdings darf es nicht viel kosten. Er nimmt Kontakt mit einer Behindertenwerkstatt auf und schließt einen Kooperationsvertrag. „Ein Service, mit dem wir uns von anderen Möbelhäusern abheben und der sich hoffentlich lohnt", hofft er.

Nach einem Jahr hat sich die wirtschaftliche Situation noch immer nicht gebessert. Im Gegenteil, die finanzielle Situation der Firma wird zunehmend schlechter. Das lässt ihn sehr unruhig werden. Doch er sieht keine Lösung. Preiswerter einkaufen geht nicht, billiger verkaufen verschärft ebenfalls die Finanzlage. Weitere Marketing- und Verkaufsaktionen kann er sich nicht mehr leisten. Personal entlassen, das will er nicht, dann fällt auf, wie schlecht es um das Möbelhaus steht. Inzwischen fallen die ersten Reparaturen an; Markus M. versucht, jede Reparatur hinauszuzögern. Hoffentlich entsteht kein größerer Schaden dadurch, fürchtet er.

Selbst bei der Bank will er sich keine Blöße geben. Auch wenn die allgemeine Wirtschaftslage mehr Stagnation als Wachstum zeigt, möchte er den Kreditrahmen nicht erweitern. Es soll auf keinen Fall bekannt werden, in welche Schieflage das Möbelhaus geraten ist. Markus weiß nicht mehr, was er noch tun kann. Er hatte sich überlegt, einen Berater hinzuzuziehen. Doch Markus fürchtet, dass der dann durchs Unternehmen geht, unerwünschte Fragen stellt und auch noch viel Geld kostet. Diese Idee wird verworfen.

Als nächsten Schritt beschließt er, keine neuen Auszubildenden aufzunehmen. Das eingesparte Gehalt der Azubis bringt zwar kaum Einsparungen, aber es ist die Arbeitszeit, die die Angestellten für die Ausbildung aufbringen, die er jetzt in die Kundenbetreuung investieren kann. Dieser Schritt wird von der Belegschaft mit Verwunderung aufgenommen. Die vorgebrachten Gründe, man könne die ausgebildeten Einzelhandelskaufleute doch nicht übernehmen, können die Mitarbeiter nicht nachvollziehen.

Inzwischen steht die Adventszeit vor der Tür. Erfahrungsgemäß nutzen die Möbelhäuser diese Zeit, Saisonartikel bis hin zu Weihnachtsbäumen, anzubieten. Markus M. muss entscheiden, ob er mit den Weihnachtsartikeln im großen Stil auftreten will. Er hat im Sommer wenig davon geordert, weil er ohne Vorauskasse keine großen Lieferungen mehr bekommt. Er weiß nicht, was er machen soll. Mitmachen und sich verschulden oder sich entziehen und ebenfalls nichts verdienen. Er kann keine Entscheidung treffen. Sein Handlungsspielraum wird immer geringer. Was kann er noch tun? Nur noch auf Kunden warten, die ertragsstarke Waren kaufen? Und wenn er wartet, kommen dann die Kunden?

Markus M. ist völlig verzweifelt. Was soll er am Montag tun? Die Besprechungsrunde mit seinen Mitarbeitern steht wie jeden zweiten Montag an. Er kann keinen klaren Gedanken mehr fassen. Am Sonntagabend setzt er sich vor den Fernseher und schluckt eine ganze Packung Schlaftabletten. Es ist wohl das Beste, denkt er sich, bevor er einschläft.

Nachdem die Mitarbeiter sich gewundert haben, weshalb der Chef nicht im Büro erscheint und nicht ans Handy geht, haben sie die Polizei alarmiert. Markus M. wird tot in seiner Wohnung aufgefunden. Das Unternehmen geht kurz darauf in die Insolvenz.

11.3 Sei stark!

Das Treffen im Stuttgarter Mövenpick Airporthotel mit dem Aufsichtsratsvorsitzenden der Elser Motorenfabrik AG war gerade zu Ende. Dr. Hartmut Wenger war mit dem Gesprächsverlauf ganz zufrieden. Er hatte sicher einen guten Eindruck hinterlassen. Er wird den Job wohl bekommen, dachte er auf dem Weg zu seinem Auto. Sein Chauffeur öffnete ihm die Tür und er stieg in seinen Mercedes S-Klasse ein. Die Aufgabe, die er übernehmen sollte, schien alles andere als einfach. Das Unternehmen mit 12.000 Mitarbeitern war der Marktführer für Fahrzeugsitze. In den letzten Jahren geriet das Unternehmen aber immer mehr in Schieflage. Nach anfänglich leichten Verlusten sind die Zahlen nun tiefrot geworden. Schnelles Handeln war erforderlich. Der bisherige Vorstand wurde geschasst. Er sollte nun das Unternehmen wieder auf Kurs bringen.

An seinem ersten Arbeitstag führt er intensive Gespräche mit den Bereichsleitern. „Jetzt muss hier aber ein anderer Wind wehen!", verkündet er. Wir müssen alle den Gürtel in nächster Zeit etwas enger schnallen. In der darauf folgenden Woche stellte er noch einen Controller ein. Herr Meier, der neue Controllingchef kam aus dem Unternehmen, in dem Hartmut W. vorher Vorstand war. Er war seine rechte Hand. In so einer Situation, dachte Hartmut, ist es wichtig, Personen zu haben, denen er vollkommen vertrauen konnte. Nach eingehender Analyse der Ausgangssituation kam er zu folgendem Ergebnis:

Zur Strategie:

1. Das Produktsortiment ist absolut zu groß. Das Unternehmen wird durch die Komplexität erschlagen. Hier ist eine Bereinigung notwendig.
2. Das Unternehmen definiert sich als Global-Player. Es spricht jedoch fast niemand im Unternehmen Fremdsprachen. Selbst englischsprechende Mitarbeiter sind die Ausnahme.
3. Der Einkauf ist sehr stark in der regionalen Beschaffung. Kauft aber fast nicht international ein. Die Vermutung, dass dort geklüngelt wird ist sehr groß!

Zur Struktur:

1. Kein Projekt wird in der vorgegebenen Zeit fertig. Die Beauftragung erfolgt in der Regel mündlich. Projekteiter haben keinen Überblick über die Kosten ihres Projekts. Oft gibt es gar keine klar definierten Budgets.
2. Die Budgetierung erfolgt unverbindlich. Budgets werden als „Orientierung" gesehen und nicht als Ziel.
3. Im Vergleich zum Wettbewerber ist der Umsatz pro Kopf miserabel!

Zur Kultur:

1. Die Mitarbeiter haben sich in den letzten Jahren an den Erfolg gewöhnt. Es herrscht eine Beamtenmentalität.
2. Es gibt Grabenkämpfe zwischen der Entwicklung und der Produktion. Jeder gibt dem anderen die Schuld, wenn Dinge nicht funktionieren.
3. Die meisten Mitarbeiter sind in dem Unternehmen groß geworden und kennen nichts anderes.
4. Es ist ein sehr starker Betriebsrat vorhanden, der sich so definiert, so viel wie möglich für die Mitarbeiter „rauszuholen".

Aufgrund dieser Analyse beschloss Hartmut ein 3-stufiges Konzept, dass er SKS (Strategie-Kultur-Struktur) nannte. Das Konzept sah wie folgt aus:

Strategie:

▶ Reduzierung des Produktsortiments um 30 %
▶ Konzentration auf das Kerngeschäft in Deutschland
▶ Ausbau des internationalen Einkaufs und Realisierung von Einsparungspotenzialen in Höhe von 20 %

Kultur:

▶ Definition eines ganzheitlichen Personalentwicklungskonzepts
▶ Kommunikationskonzept zum Thema „Wo geht die Reise hin?"
▶ Kaminabende/Kommunikation mit allen Führungskräften, damit diese verstehen, worauf es ankommt
▶ Change-Workshops in allen Abteilungen

Struktur:

▶ Personalabbau in Höhe von 15 % der Belegschaft, um eine Leistungsverdichtung zu erreichen
▶ Einführung von Projektmanagement
▶ Budgets in die Zielvereinbarungen der Führungskräfte einbauen

Das Ganze umzusetzen, war eine große Herausforderung. Er wusste, dass das Konzept nur funktionieren wird, wenn er seine ganze Kraft einsetzt und als Treiber des Prozesses auftritt. So war dann auch sein Vorgehen. Sein Terminkalender sah nun wie folgt aus:

▶ Montag- und Dienstagabend Kamingespräche mit Führungskräften und Mitarbeitern.
▶ Mittwochabend „Happy hour" in der Kantine, um Mitarbeitern in lockerer Umgebung zu erzählen, wie die weitere Entwicklung des Unternehmens aussieht.
▶ Donnerstag und Freitag hatte er immer seine „Tour" zu den verschiedenen Produktionsstätten.
▶ Jeden Freitagnachmittag hatte er eine „Openend-Sitzung" mit dem Betriebsrat, um aktuelle Entwicklungen und Gedanken auszutauschen.
▶ Jeden Samstag fanden Strategiereviews mit seinen Bereichsleitern statt.

Er merkte, wie es gut ankam, dass er für die Mitarbeiter „anzufassen" war. Kontinuierlich floss auch sein Gedankengut ein. Die Projekte wurden besser, die Mitarbeiter entwickelten immer mehr Eigeninitiative. Der Personalabbau ging auch glatter als erwartet, da der Betriebsrat Vertrauen in sein Konzept bekam. So langsam aber sicher ging es mit dem Unternehmen „bergauf". Wenn da nur nicht diese langen Arbeitstage wären. Er kam eigentlich nie vor 23 Uhr nach Hause. Diese vielen Abendevents mit den Mitarbeitern machten ihn langsam mürbe. Unter 100 Stunden pro Woche war nichts zu machen. Aber es war wichtig. Es war zwar eine Sisyphusarbeit, die aber nach einer gewissen Zeit doch Wirkung zeigte. „Pobacken zusammenkneifen und durch", sagte er sich immer wieder. „Das alles hat irgendwann mal auch ein Ende!", redete er sich ein.

Die Zahlen wurden immer besser. Das Unternehmen hatte den Turnaround geschafft. Stolz fuhr er zur Aufsichtsratssitzung, um dort über seinen Erfolg zu berichten. Auf dem Weg zum Sitzungssaal spürte er einen heftigen Schmerz in der linken Brust. Auf einmal wurde es dunkel.

Als Hartmut W. wieder zu sich kam, befand er sich auf der Intensivstation im Krankenhaus. Die Krankenschwester drehte gerade an der Infusionsflasche. „Ah, Herr Wenger, willkommen in unserem Krankenhaus, wie geht es Ihnen? Wir mussten Ihnen einen Bypass legen. Haben Sie in letzter Zeit ungesund gelebt?"

11.4 Die Start-up GmbH

Thomas Lenzmeier ist der Geschäftsführer in einem mittelständischen Unternehmen mit 250 Mitarbeitern. Die Branche gehört zu einer der wachstumsstärksten der letzten 8 Jahre. Sein Unternehmen ist so etwas wie ein Großhändler im Telekommunikationssektor. Er nutzt die Leistungen der großen Netzbetreiber, schnürt neuartige Produkte daraus und verkauft diese unter eigenem Namen. Wer in diesem Geschäft ist, hat die Lizenz zum Gelddrucken, so wird zum Teil in den Vertriebsschulungen motiviert. Und dieses gute Gefühl macht das Managen leicht.

Der Geschäftsführer kennt sich aus, er ist seit mehreren Jahren in den oberen Führungsriegen der Branche. Bereits vor diesem Posten hatte er in einem ähnlichen Unternehmen gearbeitet. Dieses Unternehmen wurde jedoch dann, weil der Kampf um die Marktanteile zu hart war, vom Geldgeber liquidiert.

Aber nun hat Thomas L. ein modernes und junges Unternehmen, das immer noch gute Wachstumsraten im Umsatz und auch im Ertrag verzeichnet. Als wichtigsten Erfolgsfaktor sieht er ein gutes Betriebsklima an. Auf allen Ebenen spricht man sich mit dem Vornamen an. Da der Altersdurchschnitt mit 28 Jahren sehr niedrig ist, ist der Umgangston ebenfalls sehr familiär und jugendlich. Er selbst war zu diesem Zeitpunkt als Geschäftsführer noch keine 35 Jahre alt und freut sich über sein Unternehmen und die ständig gute Stimmung.

Wenn mal unter den Kollegen im Vertrieb derbere Worte fallen, entschuldigt Thomas L. dies mit Worten, man dürfe nichts sagen, schließlich bringen die Vertriebler gute Umsätze. Alles, was einem guten Betriebsklima als zuträglich eingeschätzt wird, wird umgesetzt. Thomas L. hat einen sehr kreativen Marketing-Chef, der viele „Giveaways" nicht nur an die Kunden, sondern auch an die Mitarbeiter verteilt. Es sind viele kleine Geschenke, die den Mitarbeitern gemacht werden. Mineralwasser gibt es kostenlos, bei Hitze wird für alle Eis ausgegeben und in der Adventszeit wird jedem wöchentlich eine Packung Dominosteine, Lebkuchenherzen oder andere Leckereien geschenkt. Zum Valentinstag liegt auf jedem Schreibtisch ein rotes Plüschkissen in Herzform. Und zum Geburtstag bekommt jeder Mitarbeiter jedes Jahr eine Armbanduhr mit einem eingravierten Glückwunsch.

„Ein solches Unternehmen findet man nicht noch einmal, damit mache ich mich beliebt und die Erfolge lassen nicht auf sich warten", denkt Thomas. Als Geschäftsführer fühlt er sich auch seinen Führungskräften sehr verpflichtet. Keine Entscheidung wird über den Kopf eines anderen hinweg getroffen. Erst wenn Konsens besteht, wird ein Entschluss gefasst.

Doch die Auswirkungen dieses Führungsverhaltens werden von einigen „vernünftigen" Kollegen bemängelt. Man fürchtet, die Firma würde zu einem Freizeitpark werden. Während Fortbildungen in Seminar-Hotels lässt man es sich gut gehen, es wird ausgelebt, dass man „mal die Sau rauslassen" kann. Die Disziplinlosigkeit ist beispielhaft, zu Fortbildungen erscheinen nur ein Teil der angemeldeten Mitarbeiter, pünktlich ist niemand. Als ein externer Trainer dieses Verhalten kritisiert, beschweren sich die Mitarbeiter über ihn. Restriktionen werden nicht geduldet.

Das Verhalten ufert immer mehr aus. Minderjährige weibliche Auszubildende werden sexuell belästigt, was jedoch nicht angeprangert wird, weil man nicht gegen jemanden aus dem eigenen Unternehmen vorgehen will. Während der Arbeitszeit wird jemand gedeckt, der unter Drogen steht und sich dann unter seinem Schreibtisch ausschläft. Der Marketing-Chef spricht davon, sich in diesem Unternehmen seine Jugendträume zu erfüllen und lässt einen Händler-Event in den USA auf Harley-Davidson-Maschinen organisieren. Mitarbeiter dürfen zu den Händler-Incentives ins Ausland fahren.

Thomas L. lässt diese Dinge durchgehen, auch wenn sich die eine oder andere Führungskraft darüber beklagt. Nein, eingreifen wird er nicht. „Es sind erwachsene Leute, da braucht man nichts zu tun", ist seine Meinung. Jeder im Unternehmen weiß, dass Thomas L. Angst davor hat, jemanden in die Schranken zu weisen oder klar und deutlich zu sagen, wo es langgeht. Manche ärgert dieses Verhalten und andere nutzen es aus. Thomas L. weiß, dass dies eine Schwäche von ihm ist, aber er kann nun einmal nicht aus seiner Haut und auf den Tisch hauen. Und außerdem – bisher ist er mit seiner freundlichen Art ganz gut klargekommen.

Es wird immer schwerer, das Unternehmen zu führen und zu steuern. Anweisungen werden nur noch von den pflichtbewussten Mitarbeitern umgesetzt. Die übrigen leben ihre Null-Bock-Haltung aus. Thomas L. will die Stimmung im Unternehmen erfragen und lässt eine Mitarbeiterbefragung erarbeiten. Da sich dafür einerseits die Personal- und Organisationsentwicklung verantwortlich fühlte und andererseits die Marketing-/Marktforschungsabteilung meinte, dies sei ihr Metier, sollte Thomas L. eine eindeutige Entscheidung treffen. Er ließ die Befragung durch die Personal- und Organisationsentwicklung unter Mitwirkung des Marketing- und Marktforschungsbereiches konzipieren, was zu unsinniger Doppelarbeit und endlosen Abstimmungen führte.

Die Neukundengewinnung läuft weiter auf Hochtouren, aber die Umsätze stagnieren, weil der Pro-Kopf-Umsatz sinkt. Die Erträge brechen ein. Da auch die Einkaufspreise sinken und die Konkurrenz ebenfalls große Rabatte gibt, müssen die Verkaufspreise ebenfalls nachgebessert werden. Um die Flut der Kundendaten den komplizierten Preismodellen zurechnen zu können, muss die völlig überlastete IT erneuert werden. Thomas L. gibt seinem IT-Bereichsleiter den Auftrag dafür. Inzwischen wird die Lage immer prekärer. Pro Monat verliert das Unternehmen ½ Million Euro, weil Leistungen, die die Kunden nutzen, nicht mehr zugeordnet und daher auch nicht berechnet werden können. Die Mitarbeiter laufen Sturm, und mehrere eingesetzte Consulting-Unternehmen, die die IT auf Vordermann bringen sollen, arbeiten nicht koordiniert und daher zum Teil gegeneinander. Thomas L. lässt sich täglich über die Fortschritte berichten und hofft, dass bald eine Besserung eintreten wird. Die Lage beunruhigt ihn nicht allzu sehr, denn er weiß ja, dass er seinen Bereichsleiter und die Consulting-Unternehmen hat, die daran arbeiten. Schließlich bestätigen sie ihm täglich einen Projektfortschritt.

Doch immer mehr neue Probleme tauchen auf. Einfachste Anforderungen an das EDV-System werden nicht erfüllt. Thomas L. bekommt Druck durch seinen Finanzbereichsleiter, die Gelder laufen davon. Aber solange der IT-Bereichsleiter seinen guten Willen und seine feste Überzeugung bekundet, es sei alles in Ordnung, macht Thomas L. sich keine Sorgen.

Die Kritik wird schärfer und kommt neuerdings auch von den Geldgebern, einem internationalen Konsortium, das über das Unternehmen in Deutschland Geld verdienen will. Die finanzielle Entwicklung gefällt diesem Konsortium gar nicht. Es scheint der letzte Anstoß von mehreren zu sein, sich von dieser Beteiligung zu trennen. Verkaufsgerüchte gehen im Unternehmen um. Schnell muss die Stimmung wieder aufgefangen werden. Eine Mitarbeiterveranstaltung wird durchgeführt. Thomas L. setzt die Mitarbeiterbefragung ab, weil er schlechte Ergebnisse befürchtet.

Inzwischen ist die Situation um die mangelhafte IT eskaliert. Die übrigen Bereichsleiter fordern die Entlassung des IT-Chefs. Nach längerem Zögern und auch nur, weil alle anderen Bereichsleiter dies wollten, sagt Thomas L. zu, den verantwortlichen IT-Manager zu entlassen. Es fällt ihm sehr schwer, dies zu tun, schließlich habe man schon so vieles gemeinsam durchgestanden. Auch in einer Mitarbeiter-Information sagt Thomas L., dass ihm dieser Schritt sehr schwer gefallen sei. Jeder im Unternehmen, der ihn kennt, glaubt ihm das. Unbekannt bleibt, dass der IT-Leiter eine sehr generöse Abfindung erhalten hat.

Die Gerüchte um den Verkauf des Unternehmens nehmen zu. Es wird spekuliert, und es werden die möglichen Anbieter unter die Lupe genommen. Man redet viel darüber, welches ein willkommener Käufer sei. Schließlich sollen die Unternehmenskulturen zueinander passen. Thomas L. hat schwierige Zeiten vor sich. Er muss sein Unternehmen gut darstellen. Es fällt ihm nicht leicht, denn er fürchtet, dass die Zeiten nie mehr so sein werden, wie sie einst waren. Die Kauf-Interessenten sind sehr verschiedene Unternehmen. Einerseits soll nur Geld investiert werden, ohne dass sich im Unternehmen etwas ändert, andererseits gibt es Käufer, die sich die Firma einverleiben wollen. Thomas L. hofft inständig, dass die letztgenannte Lösung nicht eintrifft.

Das bisherige Gesellschafter-Konsortium verkauft das Unternehmen sehr schnell an den Wettbewerber, den man bisher nicht zum Freund hatte. Das Schicksal des Unternehmens ist besiegelt. Noch ein Jahr lang wurde die Firma weitergeführt, jedoch unter Kontrolle des bisherigen Wettbewerbers, der den Ruf hat, sehr schnell und profitabel zu arbeiten. Dort wird nicht lange überlegt, sondern schnell entschieden. Inzwischen ist der Standort des Unternehmens aufgelöst und die Firma gibt es nicht mehr.

Thomas L. arbeitet nun in einem anderen Unternehmen der gleichen Branche im Marketing-Bereich. In dieser Funktion muss er keine unliebsamen Entscheidungen treffen.

11.5 Die Geschwindigkeits GmbH

Theo Schmitt ist ein kleiner und agiler Manager. Er ist der Vorsitzende der Geschäftsführung in einem 300 Mitarbeiter-Unternehmen. Er ist von seinem Erfolg und vom Erfolg seines Unternehmens überzeugt. Bisher wurden Kunden in zwei Bundesländern bedient, aber nun soll es bundesweit weitergehen. Expansion ist das Motto. Theo S. ist sehr aktiv, morgens um 7 Uhr sitzt er bereits am Schreibtisch, bearbeitet Mails und ruft auch schon mal den einen oder anderen Mitarbeiter an. „Schnelligkeit ist alles", das lebt er. Er hat eine schwierige Aufgabe, aber darüber denkt er nicht nach, es muss gehandelt – nicht gedacht werden.

Die Zeiten im Markt werden immer härter, er ist bereit, alles zu tun, um die anspruchsvollen Ziele des Unternehmens zu erreichen. Alle Mitarbeiter im Unternehmen, mit denen ebenfalls Ziele vereinbart sind, sollen dies auch. Es sind hohe Ziele, das weiß er, aber sonst strengt sich niemand an, meint er. Jetzt will er die Firma zu einem bundesweit agierenden Unternehmen machen. Er hat viel erreicht, häufig Politik gemacht, sich seinen Einfluss gesichert. Ein ebenso agiler PR-Berater bringt ihn mit wichtigen Personen ins Gespräch – und dafür muss er zahlen. Theo S. lässt die Arbeit an Prospekten, Plakaten und Events über ihn laufen, alle Anzeigen werden über ihn geschaltet, und der Berater verdient gut daran.

Dennoch ahnt Theo S., dass es nicht leicht sein wird, den Geldgeber, einen Konzern einer völlig fremden Branche, zu überzeugen. Schon oft wurde Kritik an der Verschwendungssucht seines Unternehmens geübt. Bisher konnte er jedoch immer noch ein paar Millionen beim Geldgeber locker machen. Er fürchtet allerdings, dass die Geduld seines Gesellschafters schwinden wird. Seine Argumente dürfen ihm nicht ausgehen, das weiß er. Er muss sich anstrengen und dafür sorgen, dass die Mitarbeiter ebenso dynamisch arbeiten. Wer expandieren will, muss eine Durststrecke von ein paar Jahren akzeptieren!

Damit er die Verantwortung von Umsatzverlusten herunterbrechen kann, lässt er das Unternehmen in Geschäftseinheiten umstrukturieren. Jeder Leiter einer solchen Einheit trägt nun die Umsatz- und Ergebnisverantwortung. Der Druck, der auf diesen Führungskräften lastet, lässt sie sehr kreativ werden, wenn es darum geht, sich mit Personal, mit Investitionen und mit Beratern auszustatten. Die Hierarchien werden aufgebläht, die Mitarbeiter mit Gehaltserhöhungen, Incentives und Karrieren gelockt. Eine Entwicklung, die von völlig unerfahrenen und unrealistisch denkenden Führungskräften betrieben wird. Die Kosten steigen in die Höhe und die Finanzsituation gerät völlig aus dem Ruder. Die Geschäftsabläufe laufen quer, so dass die Auftragsabwicklung viel zu lange dauert und nicht wenige Kunden wieder abspringen.

Dennoch ist Theo S. begeistert von vielen Managementinstrumenten, die noch nicht einmal in Großunternehmen eingesetzt werden. Es wird viel Zeit verwendet, Ziele zu erarbeiten, Ziele zu vereinbaren, Beurteilungen zu treffen und ein komplexes Balanced-Scorecard-System zu implementieren. Theo S. kann mit diesen Instrumenten seinem Geldgeber imponieren. Dass die Anwendung im Unternehmen nach Lust und Laune geschieht, dass damit weiterhin Machtinteressen begründet werden und in bewährter Weise nicht fair und korrekt damit umgegangen wird, ist für ihn nicht wichtig. Nutzt er die Instrumente doch selbst so, wie es gerade passend erscheint. Da kürzt er schon mal die Zielerreichung eines Mitarbeiters trotz nachweisbarer besonderer Leistungen und verteilt stattdessen Theaterkarten, die er kostenlos bekommt, weil die Firma das Theater sponsort und dies – weil ein Familienmitglied von ihm dort arbeitet.

Theo S. spricht mit seinen Führungskräften, beschwört sie, die Kosten nicht ausufern zu lassen. Aber die, die zu seiner Seilschaft gehören, brauchen nichts zu fürchten. Das Überziehen des Budgets um 1.000 Prozent hat für den Verantwortlichen keine Konsequenzen. Theo S. greift stattdessen im operativen Tagesgeschäft ein, er erhöht schnell ein Gehalt, er versetzt einen Mitarbeiter, er ändert einen Werbeprospekt, er sagt eine Einstellung zu, ohne dass es eine Stelle gibt, er bucht Kosten auf andere Kostenstellen, ohne den Verantwortlichen zu informieren. „Man muss schnell und unbürokratisch sein", ist sein Wahlspruch. In seinen Sitzungen leistet er auch viel. Er redet mit den Gästen, telefoniert zwischendurch, rennt heraus zur Sekretärin und unterschreibt nebenher seine Unterschriftsmappen.

Schließlich will Theo S. etwas bewegen. Und wer etwas bewegen will, der muss selbst in immer in Bewegung sein und alles in Bewegung halten. Er will sich auf keinen Fall nachsagen lassen, dass er untätig ist. Er hat für jeden Mitarbeiter ein offenes Ohr, hört sich Probleme an und entscheidet schnell – auch hinter dem Rücken der Führungskräfte. Er will nicht abgehoben sein, ein Chef zum Anfassen will er sein. Daher geht er auch manchmal durchs Unternehmen, spricht mit dem einen oder anderen. Dass dies gerade die Führung des jeweiligen Vorgesetzten unterläuft, ist ihm kaum bewusst und interessiert ihn nicht.

Selbst an Regelungen, die durch Betriebsvereinbarungen beschlossen wurden, hält sich Theo S. nicht. Gesetzliche Grundlagen gelten für ihn nicht, er fordert sogar von seinen Mitarbeitern, sich nicht daran zu halten, wenn er es für richtig hält. Hat er heute so entschieden, kann es sein, dass er noch am gleichen Tag seine Entscheidung ändert, weil er eine neue Idee hat. Manchmal kommt der Eindruck auf, dass Theo S. als Vorsitzender der Geschäftsleitung alle Arbeiten selbst erledigen will. Zu allen Themen kann er etwas sagen, in alle Bereiche regiert er hinein. Wer Theo S. auf dem Flur trifft, bekommt irgendeine Aufgabe oder eine neues Projekt, ganz gleich, ob dies in seinen Verantwortungsbereich fällt oder nicht.

Es wird Arbeitszeit in Ideen gesteckt, die von vornherein als illusorisch gelten. Ein Konzept zur Mitarbeiterbindung, bei dem jeder Mitarbeiter ein Dienstfahrzeug bekommen sollte, hätte gar nicht angefangen werden dürfen, da bereits zu diesem Zeitpunkt feststand, dass es nicht finanzierbar ist und stattdessen Mitarbeiter entlassen werden müssen.

Dass die Führungskräfte und Mitarbeiter immens unter dieser Arbeits- und Entscheidungswut leiden, interessiert ihn nicht. Weil er keine vorherigen Absprachen trifft, überlappen sich viele Projekte, die Anweisungen sind unklar und die Terminvorgaben unrealistisch. Er versucht, mit Druck alles in den Griff zu kriegen. Es wird gegeneinander gearbeitet, weil er keine einheitliche Steuerung vornimmt, sondern nur an allen Ecken und Fronten Gas gibt. Selbst die, die sich dem Tempo von Theo S. anpassen, werden ihm die Aufgaben nie richtig erledigen, weil er bis zur Fertigstellung schon wieder neue Ideen hat und jedes Konzept schon beim Ausdruck aus dem Drucker veraltet ist. Theo S. wird jedoch langsam frustriert, weil sich die Erfolge nicht so einstellen, wie er geplant hat.

Theo S. ist jedoch von seiner Arbeitsweise überzeugt. Er ist der Chef und er dirigiert, leider ist unklar, wer welche Instrumente bedient und welche Musik gespielt werden soll. Er ist gehetzt von seinem Arbeitseifer und steckt das ganze Unternehmen mit seiner unkontrollierten Hektik an. „Hauptsache in Bewegung sein" und mancher Mitarbeiter ergänzt hinter vorgehaltener Hand: „... egal wohin".

Theo S. merkt, dass seine Aktionen nicht zum Erfolg werden. Er sucht nach Schuldigen. Die Schuldigen findet er schnell; es sind die, die nicht seine Landsleute sind, die nicht zu seiner Seilschaft gehören. Im Rahmen der ersten Entlassungswelle trennt er sich von diesen Mitarbeitern. Die Entlassungen führen im Unternehmen zu viel Unruhe. Es ist für viele Mitarbeiter unvorstellbar, dass die Firma, die gemeinsam aufgebaut wurde, in der sich alle duzen, nun Mitarbeiter entlässt. Theo S. ist es sichtlich unwohl in seiner Situation. Seine bisherigen Erfolgsrezepte greifen nicht. Er kann nicht mehr durch Hektik alles zum Guten wenden. Er merkt, dass seine Art, mit Mitarbeitern umzugehen, nicht mehr ernst genommen wird. Es geht ihm mit diesen Erfahrungen gar nicht gut. Er weiß nicht, was er noch tun kann, um zu besseren Finanzzahlen und zu höheren Umsätzen zu kommen. Seine Hilflosigkeit nimmt zu, als der Geldgeber ihm einen Finanzchef ins Unternehmen setzt. Theo S. ist empört, empfindet dies als Kontrolle, die er gar nicht haben will, aber – er muss sich damit arrangieren.

Völlig überraschend wird er von seinem Gesellschafter darüber informiert, dass er als Geschäftsführer abgesetzt ist und bereits in wenigen Stunden ein neuer Vorsitzender der Geschäftsleitung im Unternehmen vorgestellt wird. Theo S. ist tief getroffen. Seine Nervosität ist nicht zu übersehen, er fühlt sich sehr unwohl, als er dabei sein muss, während seiner oberen Führungsriege der neue Chef vorgestellt wird. Der Neue legt bereits vorbereitete Folien auf und gibt seine neue Richtung bekannt. Theo S. verlässt noch in der Sitzung das Unternehmen.

Eigentlich hätte er es sich denken können. Geschäftsführerwechsel ist ein beliebtes Spiel im Unternehmen. Immerhin hat die Firma in knapp 5 Jahren bereits 14 Geschäftsführer gehabt. Um sich von dem Schock zu erholen, fährt er in sein Heimatland. Er fängt sich scheinbar schnell. Er gibt an, sich auf neue Aufgaben zu freuen. Er berichtet von interessanten Anfragen der Personalberater. Aber wer seine Körpersprache lesen kann, merkt, dass er das Erlebte noch längst nicht bewältigt hat. Vielleicht tröstet ihn zu wissen, dass sein Nachfolger 5 Monate später ebenfalls vom Gesellschafter abgesetzt wurde.

12. Fazit

Als wir uns in vielen Gesprächen über das Thema „Führen in Krisenzeiten" ausgetauscht haben, standen wir fast immer vor dem „Henne-Ei-Problem". Ist die Führungskraft durch Ihre Persönlichkeit eigentlich Auslöser für die Krise oder sind es vielmehr die Rahmenbedingungen, die unerwartet auf das Unternehmen einbrechen?

Je intensiver wir uns jedoch über konkrete Fälle ausgetauscht haben, desto stärker kamen wir zu dem Schluss, dass im Grunde genommen in fast allen Fällen die Persönlichkeit des Chefs für den Schlingerkurs ausschlaggebend ist. Die rein „extrinsischen" Krisen sind die absoluten Ausnahmen. Selbst strukturelle Krisen (zum Beispiel Pferdekutschenbauer im letzten Jahrhundert oder die Textilindustrie in den letzten 50 Jahren in Deutschland) sind letztendlich auf das Unterschätzen bestimmter Technologien und somit das Einschlagen falscher Strategien des Managements zurückzuführen.

Oft haben Führungskräfte in bester Absicht gehandelt, waren aber durch ihre Persönlichkeitsstruktur so geprägt, dass sie nicht anders handeln konnten, als sie es letztendlich getan haben. Die Verantwortung, die auf den Schultern des Unternehmenslenkers liegt, ist somit unserer Meinung nach viel größer, als sie heutzutage gesehen wird. Er ist in der Regel nicht nur verantwortlich für die Entstehung der Krise, sondern auch für ihren Verlauf!

Leider erleben wir – wie auch in der Politik – oft die Suche nach externen Gründen für die Misere. Einmal ist es die Weltkonjunktur, ein anderes Mal der Gesetzgeber. Wenn das alles nicht hilft, ist es halt der böse Wettbewerber, der die Preise kaputt macht. Das Ausblenden der eigenen Verantwortung ist für die „Psychohygiene" ein legitimes Mittel, wenn es nicht das eigene Lernen verhindern würde. Da wir ja alle keine „Supermänner" sind und alle unsere ganz persönlichen „Antreiber" haben, kann der „ideale Krisenmanager" letztendlich nur dann wirksamer werden, wenn er sich selber, sein Unternehmen und sein Umfeld immer wieder in Frage stellt und verbessert.

13. Glossar

Angst

Das Gefühl Angst zeigt sich in Blockaden, physiologischen Veränderungen und der Aktivierung des Organismus. Angst kann leistungshindernd sein, wenn die betreffende Person misserfolgsorientiert ist und mit Flucht und Abwehr reagiert.

Antreiber

Frühkindlich erworbene Botschaften, die die Person erfüllen will, in dem Glauben, dass sie dadurch das Richtige macht und sich okay fühlen kann.

Attribuierung

Eine Zuschreibung, die aus der eigenen Überzeugung entsteht. Es gibt Misserfolgsattribuierungen und Erfolgsattribuierungen. Für seine Arbeitsleistung ist ein erfolgsattribuierter Mensch an den Vorteilen des Erfolges orientiert. Jemand, der misserfolgsattribuiert ist, wird die Leistung erbringen, weil er Kritik, Schaden – eben den Misserfolg fürchtet.

Bonding

Psychosozialer Prozess, bei dem Mitarbeiter, Kunden und Lieferanten an das Unternehmen gebunden werden.

Business Reengineering

Business Reengineering ist ein radikaler Veränderungsprozess, der durch tiefgreifende Veränderungen im Unternehmen eine Neuausrichtung zum Beispiel auf Prozessoptimierung oder Kundenorientierung erreicht.

Change-Management

Bewusster Steuerungsprozess, der die Veränderungen in einer Organisation auf formaler Ebene, zum Beispiel durch Änderungen der Aufbauorganisation, und auf der Prozessebene, zum Beispiel durch Workshops für Mitarbeiter, initiiert und steuert.

conditio sine qua non

Lateinisch = Eine Bedingung, ohne die etwas nicht möglich ist.

Diskriminierung

Unfaires Verhalten gegenüber bestimmten Personen oder Personengruppen. Diskrimierung nimmt in der Regel in Krisensituationen gegenüber Frauen, Ausländern, unteren Lohngruppen etc. zu.

Erlauber/Erlaubnisse

Beraterische oder therapeutische Botschaft, die Antreiber oder Verbote relativiert und abschwächt.

Führung

Unter Führung wird die Einflussnahme mittels Kommunikation verstanden, um gemeinsame Ziele zu erreichen. In dieser Definition sind auch die Einflussnahmen der Mitarbeiter auf den Chef und der Kollegen untereinander enthalten.

Führungsstil in Krisenzeiten

Es gibt kein Patentrezept, welcher Führungsstil in Krisenzeiten vorteilhaft ist. Entscheidend sind einzelne Aspekte, die es zu berücksichtigen gilt: Durchsetzung, wenn die Krisenursachen tangiert sind. Ansonsten muss der Situation angepasst geführt werden.

Gerechtigkeit

Im Berufsleben wird darunter eine faires Führungsverhalten und eine faire Personalpolitik verstanden, die keine Diskriminierungen erlaubt und gerechte Entlohnung enthält.

Glaubenssatz

Psychologischer Begriff, der nichts mit Religiosität zu tun hat. Er bezeichnet die Einstellungen und Erfahrungen, die als Wahrheit geglaubt werden, ohne dass zuvor eine Prüfung der Realität vorgenommen wurde.

Grandiosität

Einstellung von Menschen, die sich, ihre Fähigkeiten und teilweise auch ihre Forderungen und Aktionen als grenzenlos wahrnehmen und danach handeln. Es werden Situationen überschätzt und damit gleichzeitig Risiken ausgeblendet.

Insolvenz

Zahlungsunfähigkeit eines Unternehmens durch Überschuldung.

Kick-off-Meeting

Offizieller Projektstart, bei dem die Beteiligten, die Vorentscheidungen, der Projektauftrag und der Zeitplan vorgestellt werden.

Konflikt

Entweder mindestens zwei widerstreitende Regungen in einem Menschen, oder widerstreitende Interessen zwischen mindestens zwei Menschen.

Konflikte in Projekten

Häufig kommt es zu Konflikten zwischen dem Linienmanager und dem Projektmanager, zum Beispiel durch mangelnde Abstimmung bzgl. der Arbeitszeit, die die Mitarbeiter im Projekt verbringen. Auch Konflikte und Machtkämpfe zwischen den Projektmitarbeitern können durch unterschiedliche Interessen und Ziele entstehen.

Konfliktregelungen

Offizielle oder inoffizielle Umgangsformen und -regeln, wie mit Konflikten in einem Unternehmen umgegangen werden soll.

Krise

Krise ist eine Entwicklung von komplexen Problemen, für die ebenso komplexe Lösungen gefunden werden müssen. Von einer Unternehmenskrise wird gesprochen, wenn sich die Liquidität oder das Vermögen eines Unternehmens bis zur Existenzbedrohung entwickelt hat. Zunächst wird von einer existenzbedrohenden, bei weiterem Verfall von einer existenzvernichtenden Krise gesprochen.

Krisenmanagement

Planung, Steuerung und Umsetzung von Maßnahmen, die ein Unternehmen aus der Krise herausführen und es wieder lebensfähig machen. Das Krisenmanagement bezieht sich auf die sachlichen Aspekte (Finanzsituation, Ertragslage), auf die prozessualen Aspekte (Widerstand in der Belegschaft, Kündigungen) und auf die eigene mentale Ebene (Wahrnehmung, Reflexion, Veränderungen des eigenen Denkens).

Lebensskript

Langfristiger, oft lebenslanger Plan, nach dem sich ein Mensch verhält. Im Lebensskript sind Botschaften (Antreiber) enthalten, die er durch seine Sozialisation erhalten hat. Das Lebensskript stellt den „roten Faden" (Gewinner, Verlierer, Kämpfer, Opfer, Retter) im Leben dar.

Misserfolgsursachen

Ursachen, die in einem Unternehmen zu Misserfolg führen können, sind äußere Ursachen wie gesamtwirtschaftliche Entwicklungen, Branchenentwicklungen etc. sowie innere Ursachen wie falsche oder unvollständige Strategie, falsche Struktur und kritische Unternehmenskultur.

Orientierung

Entsprechende Informationen, um sich in einer Organisation oder einer Gruppe zurechtzufinden. Das beinhaltet Wissen über Strukturen, Aufgaben, Regeln und Kenntnisse über die Erwartungen und Anforderungen an die eigene Rolle.

Pareto-Prinzip

Es werden 80 % einer Aufgabe erledigt, die übrigen 20 % bleiben unerledigt. Das Ergebnis fällt in den meisten Fällen gleich gut aus, als wären 100 % der Aufgabe erledigt worden. Diese Prinzip kann nicht überall angewandt werden.

Problem

Unangenehmer Ist-Zustand, der durch Lösungen zu einem angenehmen Soll-Zustand geführt werden kann.

Projekt- versus Unternehmenskultur

Durch die unterschiedliche Arbeitsmethodik fallen häufig Unterschiede zwischen der Projekt- und der Unternehmenskultur auf. In Projekten wird zum Beispielabgestimmt und gemeinsam beschlossen, während in der Linienorganisation hierarchisch vorgegangen und entschieden wird. Diese Diskrepanzen können einerseits zu Dissonanzen während des Projektes führen, sie können aber auch Konflikte nach Abschluss des Projektes nach sich ziehen, wenn Mitarbeiter den Projektarbeitsstil in die Linie integrieren wollen.

Psychologische Spiele oder Manöver

Eine Kette von mehreren Interaktionen (verbal und nonverbal), die dazu führen, dass auf der sozialen Ebene das Gesicht gewahrt bleibt, auf der psychologischen Ebene jedoch der Gesprächspartner in die Rolle des Opfers gebracht wird. Der agierende Gesprächspartner ist dabei meistens in der Rolle des Verfolgers oder des vermeintlichen Retters.

Psychosomatische Störung/Erkrankung

Durch psychologische Auslöser oder Bedingungen verursachte physiologische Veränderungen, die zu körperlichen Störungen oder Erkrankungen (mit organischen Veränderungen) führen.

Quick and dirty

Bezeichnung für schnell und schlecht erledigte Aufgaben. Oft nach außen als erledigt abgehakt, jedoch im Detail unvollständig und fehlerhaft.

Rolle

Ähnlich wie das Rollenbuch beim Schauspiel, sind in der Rolle die Erwartungen, die andere an die Person, die die Rollen einnimmt, haben. Menschen können je nach Funktion verschiedene Rollen in einer Organisation übernehmen zum Beispiel Angestellter der Buchhaltung und Mitglied des Betriebsrates.

Sanierung

Der Begriff stammt aus dem Lateinischen und bedeutet „Heilung". Heute werden darunter alle Maßnahmen verstanden, die unternehmens- und finanzpolitisch die Existenz eines Unternehmens wiederherstellen.

Sanierungs- oder Krisenmaßnahmen

Aktivitäten, die die Liquidität verbessern, den Aufwand senken oder die Erlöse erhöhen. Ferner können strategische Maßnahmen ergriffen werden, in denen zum Beispiel die Produktpolitik oder die Beschaffungsmärkte geändert werden.

Sinn

Existenzielle Bedeutsamkeit, zum Beispiel Sinn der Aufgaben, bei denen für den Mitarbeiter erkennbar ist, welchen Wert und welchen Zweck seine Aufgaben für das Unternehmen als Ganzes haben.

Stakeholder

Stakeholder sind Interessenträger, die einen Einfluss auf Entscheidungen im Unternehmen haben. Es können Personen oder Gruppen sein, zum Beispiel Gesellschafter, Firmengründer, Politiker, Kunden etc.

Steeringcommittee

Steuerungsgruppe, die ein Projekt oder einen Veränderungsprozess steuert, in dem die Aktionspläne erarbeitet und die Umsetzung überwacht wird. Das Steeringcommittee berichtet an die Projekt- oder an die Geschäftsleitung.

Strategie

Die Strategie beschreibt die mittel- und langfristigen Ziele und Vorgehensweisen des Unternehmens hinsichtlich der Absatzmärkte, der Produktpolitik, des Kosten- und Leistungverhältnisses etc.

Teamdynamik

Ein Team muss sich wie alle anderen Gruppen zunächst auch in einem Gruppenfindungsprozess orientieren. Dabei werden die Grenzen zu den anderen Teilnehmern ausgelotet, die eigenen Aufgaben geklärt und die eigene Rolle gesucht und gefunden.

Turnaround-Management

Besondere Form der Fokussierung auf vielfältige Veränderungen im Managementprozess, die das Ziel haben, „das Ruder herumzureißen", um in Krisensituationen an vielen Stellschrauben Verbesserungen einzuführen und umzusetzen.

Unternehmenskultur

Die Unternehmenskultur verdeutlicht in Bild, Schrift und Symbol die bewussten und unbewussten Erwartungen, die an die Mitglieder der Organisation gestellt werden. Die Kultur gibt den Mitgliedern einer Organisation Orientierung. Die Kultur lässt sich nur langsam verändern und entwickelt sich selbst weiter.

Wahrnehmung

Die menschliche Wahrnehmung setzt sich aus drei Bereichen zusammen, die es zu betrachten gilt. Die physikalische Seite beschreibt die Bedingungen der Reize, die physiologische Seite beschäftigt sich mit den körperlichen Aspekten der Sinneskanäle und der psychologische Aspekt untersucht das im Gehirn entstehende Wahrnehmungsbild.

14. Abbildungen

Abbildung 1:   Zusammenhang von Strategie, Struktur und Kultur
Abbildung 2:   Elemente des Strategie-Prozesses
Abbildung 3:   Einflüsse durch und auf die Führungskraft
Abbildung 4:   Typische Verhaltensmuster in Krisenzeiten
Abbildung 5:   Stresstypen von Führungskräften
Abbildung 6:   Psychologische Antreiber
Abbildung 7:   Übersicht der Abwertungsstufen
Abbildung 8:   Phasen von Krisen
Abbildung 9:   12 Tipps zum Führen im Turnaround
Abbildung 10: Zusammenhang zwischen Führungsvakuum und Aggressionsniveau
Abbildung 11: Verhaltensszenarien der Mikropolitik
Abbildung 12: Schwachstellen in Krisen
Abbildung 13: Vier Säulen des Sanierungsprozesses
Abbildung 14: Sinnvolle Handlungsalternativen in Krisensituationen
Abbildung 15: Zeitverlauf bis zur Restrukturierung
Abbildung 16: Zielgruppen der Krisenkommunikation
Abbildung 17: Zusammenhang von innerer Einstellung und Einstellung zur Zeit
Abbildung 18: Beispiel eines Masterplans
Abbildung 19: Elemente der Prozesssteuerung
Abbildung 20: Margenerosion
Abbildung 21: Beispiel einer möglichen Lieferantenstruktur
Abbildung 22: Stellhebel des Liquiditätsmanagements
Abbildung 23: Beispiel einer auf Kunden bezogenen Produktkostenrechnung

15. Weiterführende Literatur

Becker, M.: Personalentwicklung. Stuttgart 1999
Berne, E.: What Do You Say After You Say Hello. New York 1972
Bruckner, P.: Ich leide also bin ich. Berlin 1999
Dahlems, R.: Handbuch des Führungskräfte-Managements. München 1994
Dunde; S.R.: Andere haben es gut. München 1989
Fechner, D.: Praxis der Unternehmenssanierung. Neuwied 1999
Freimuth, J. u. a. (Hrsg.): Auf dem Wege zum Wissensmanagement. Göttingen 1997
Geißler, H.: Grundlagen des Organisationslernens. Weinheim 1995
Gerken, G.: Manager ... die Helden des Chaos. Düsseldorf 1992
Goeudevert, D.: Mit Träumen beginnt die Realität. Reinbek 2000
Gross; W. (Hg.): Karriere(n) in der Krise. Bonn 1997
Grüber, B.: Schnellkurs Krisenmanagement. Würzburg 2001
Herbst, D.: Corporate Identity. Berlin 1998
Hösle, V.: Die Krise der Gegenwart und die Verantwortung der Philosophie. München 1994
Jung, H.: Personalwirtschaft. München 1997
Kälin, K.; Müri, P.: Sich und andere führen. Thun 1989
Kahler, T; Capers, H.: The Miniskript; Transactional Analysis Journal, Bd. 4. 1974
Kastner, M.; Gerstenberg, B.: Personalmanagement: Denken und Handeln im System. München 1991
Laske, St.; Gorbach, St. (Hrsg.): Spannungsfeld Personalentwicklung. Wiesbaden 1993
Malik, F.: Führen, leisten, leben. München 2001
Marconi, J.: Unternehmen unter Beschuss. München 1994
Mellor, K.; Schiff, E.: Mißachten (Abwerten); aus: Neues aus der Transaktionsanalyse, Nr. 3. 1977
Noble, K. A.: Rezession als Chance. München 1994
Noll, P.; Bachmann, H. R.: Der kleine Machiavelli. München 2001
Nütten, I.; Sauermann, P.: Die anonymen Kreativen. Frankfurt/M. 1988
Oechsler, W.: Personal und Arbeit. München 1997
Oetinger von, B.: Boston Consulting Strategie-Buch. Düsseldorf 1993
Ogger, G.: Macher im Machtrausch. München 1999
Ogger, G.: Nieten in Nadelstreifen. München 1992
Page, M.: Managen wie die Wilden. München 1971
Pankoke, E.: Organisation und Kultur. Hagen 1992
Probst, G. u. a.: Wissen managen. Frankfurt/M., Wiesbaden 1998
Richter, H.-E.: Das Ende der Egomanie. Köln 2002

Rosenstiel, von, L. u. a. (Hrsg.): Fach- und Führungsnachwuchs finden und fördern. Stuttgart 1994
Rosenstiel, von, L. u. a. (Hrsg.): Führung von Mitarbeitern. Stuttgart 1999
Schiff, A. W.; Schiff, J. L.: Passivität; aus: Neues aus der Transaktionsanalyse, Nr. 3. 1977
Schmidbauer, W.: Wie Gruppen uns verändern. München 1992
Scholz, Chr.: Personalmanagement. München 1994
van Winsen, Chr.: High Potentials. Regensburg 1999
Walter, H.: Mobbing: Kleinkrieg am Arbeitsplatz. Frankfurt/M. 1993
Wickert, U.: Der Ehrliche ist der Dumme. Hamburg 1995
Wunderer, R. u. a. (Hrsg): Qualitätsorientiertes Personalmanagement. München 1997
Zürn; P.: Ethik im Management. Frankfurt/M. 1991